왜 좋은 습관은 어렵고
나쁜 습관은 쉬울까?

왜 좋은 습관은 어렵고 나쁜 습관은 쉬울까?

The little book of big change

에이미 존슨 지음 • 임가영 옮김

생각의 서재

서문

이 책의 서문을 쓰게 되어 매우 기쁘다. 지난 30년간 나는 사람들이 습관, 중독, 강박행동을 버릴 수 있도록 돕는 일을 해왔다. 사실 몇 가지 원리를 이해하기만 하면 누구나 자신이 원하지 않는 습관에서 벗어날 수 있다. 또한 이 원리들에 대한 통찰력을 가지면 우리는 모두 더 행복하고 더 만족스러운 삶을 살 수 있다.

30년 전, 나는 어떻게 하면 사람들이 나쁜 습관에서 벗어날 수 있도록 도울 수 있을까를 고민하며 그 방법을 연구 중이었다. 당시 나는 대형 의료센터에서 알코올 및 마약 중독 치료 프로그램을 운영하고 있었는데, 그즈음 운 좋게도 시드니 뱅크스라는 사람의 '삶에 대한 영적 이해'에 관한 강의를 들을 수 있었다. 그는 우주적 사고Universal Mind와 생각 Thought, 의식Consciousness이라는 세 개의 원리를 설파했다. 이 이론은 우리가 인생에서 매 순간 겪는 '경험'이 어디에 뿌리를 두고 있는가에 중점을 두고 있었다.

그의 강의를 듣는 동안 나는 감정 또는 기분이 어떤 과정으로 형성되는지를 이해하게 되었고, 감정 또는 기분이란 결국 머릿속에 떠오른 생각에 대한 자기 반응이라는 사실과, 우리가 그 과정에서 특정한 힘을 활용한다는 사실을 깨우치게 되었다. 깨달음의 순간 나는 이 원리만 이해한다면 누구나 행복해질 수 있음을 알게 되었다.

세 가지 원리에 대하여

우주적 사고, 생각, 의식, 이 세 가지 원리는 인간의 영성Spritual Nature을 대표하는 것들로서, 삶을 경험케 하는 능력을 갖게 해주는 에너지라고 할 수 있다.

'우주적 사고'는 우주 저편에 숨겨진 지식이자 무형의 에너지다. 창조의 근간을 이루는 에너지이기도 하다. 우리는 모두 우주적 사고의 일부다. 따라서 습관에 현명하게 대응하고 극복할 수 있는 힘을 우리 안에 있는 지혜로부터 얻을 수 있다.

'생각'은 창조를 가능케 하는 에너지다. 우리는 생각의 힘을 통해 의견, 기억, 판단, 증오, 기쁨, 연민을 비롯한 모든 정신적 활동을 창조해낸다. '스스로 생각을 생성해내는 데 사용하는 힘'이 바로 생각의 원리라고 이해하는 것만으로 자유가 찾아온다. 기분을 비롯해 살아가면서 겪는 모든 경험은 환경이 우리에게 영향을 미쳤기 때문에 발생한 결과물이 아니라, 우리가 그 환경에 대해 생각했기 때문에 얻은 결과물이다. 더 이상 생각에 얽매일 필요가 없다는 사실을 깨닫게 되면 훨씬 다양한 시각에서 삶을 볼 수 있게 된다.

'의식'은 우리가 생각을 통해 만들어낸 결과물을 인지하게 하는 에너지다. 의식의 작용을 통해 우리의 생각은 새 생명을 얻게 된다. 생각을 떠올린 그 순간, 의식은 그 생각으로 말미암은 총체적 경험을 우리에게 전달한다. 인체의 생화학, 생리현상, 감정, 행동은 모두 생각을 따라간다. 그래서 걱정스러운 생각을 떠올리면, 의식은 모든 것이 그 생각과 일치하도록 조정한다.

생각과 의식이 어떻게 그토록 생생하게 삶을 그려내는지 그 방식을 이해하는 것만으로 우리는 새로운 차원의 자유를 얻게 된다. 스스로를 고통과 절망으로 가득 채우는 걱정스러운 생각에 얽매이지 않아도 된다는 사실을 이해하게 될 것이며, 그 결과 떠오른 생각에 집착하지 않고, 자신의 진정한 모습을 이해할 수 있게 해주는 새로운 관점을 발견하게 될 것이다.

이 세 가지 원리를 깊이 이해하면 할수록, 습관과 강박행동을 해소하고자 하는 속성이 자신에게도 내재되어 있다는 사실을 스스로 증명해 보일 수 있게 된다. 그리고 인생의 다양한 문제들을 해결해낼 창의적인 사고방식을 얻게 될 것이다. 그 결과 더 너그럽고, 더 사려 깊고, 더 관대하며, 더 감사할 줄 아는, 사랑이 넘치는 사람으로 거듭나게 될 것이다.

습관은 선택일 뿐이다

내 고객들은 이 세 가지 원리를 이해함으로써 자신의 습관이나 중독이 더 나은 기분, 행복, 평화로운 마음을 얻기 위해 스스로가 선택한 방식일 뿐이라는 사실을 알게 되었다. 또한 그들이 추구하던 행복은 이미 자신 안에 있었다는 사실도 깨닫게 되었다. 본래 그들의 의식 깊은 곳에 자리하고 있던 긍정적인 기분을 자연스럽게 느끼기 시작했고, 그 결과 습관이나 중독을 수단 삼아 그와 같은 감정을 얻으려던 시도를 그만두게 되었다.

또한 그들은 갈망이란 생각의 결과물에 불과하며, 이제 그와 같은 생각을 하지 않기로 선택할 수 있게 되었고, 결과적으로 갈망을 끝낼 수 있게 되었다고 말했다. 이것이 바로 이 세 가지 원리를 이해할 때 얻을 수 있는 강력한 힘이다. 이 원리를 깨우친 사람은 잘못된 생각을 피하고, 보다 도움이 되는 사고방식을 스스로 구할 수 있게 된다.

깨달음은 그들 삶의 다양한 부분에 도움을 주었다. 그들은 가족, 동료들과의 관계를 개선할 방법을 찾았고, 대다수는 이전보다 더 깊이 사랑을 느끼고 남들을 이해하게 되었다고 말했다.

에이미 존슨 박사는 이 세 가지 원리에 대한 이해를 습관 및 강박행동 분야에 응용함으로써 습관 개선 분야에 새로운 패러다임을 도입했다. 그가 반복해서 강조하듯, 습관의 변화는 기교나 방법을 통해 얻을 수 있는 것이 아니라 존재의 영적 본질을 이해함으로써 달성할 수 있다. 우리 모두는 자신의 영성을 깨달을 잠재력을 가지고 있다. 또한 그와 같은 깨달음을 통해 습관과 강박행동을 고칠 수 있다. 우리가 가진 진정한 영성, 즉 지혜와 안녕의 길로 향하도록 하는 힘, 이 책에는 그런 힘이 담겨 있다.

이 책의 저자야말로 그가 이 책을 통해 독자들에게 전하려고 하는 메시지의 산 증인이다. 그 자신의 깨달음을 바탕으로 전하는 이 이야기들은 우리 모두에게 나쁜 습관에서 벗어날 수 있다는 희망을 선사해줄 것이다.

마크 하워드, 심리학 박사

Contents

인간이 단 한 가지만 배웠다면, 그리고 그 한 가지가
자신의 경험을 두려워하지 않는 법이었다면,
세상은 지금과는 전혀 다른 모습이었을 것이다.

시드니 뱅크스

시작하며

'살면서 가장 실망스러웠던 경험은 무엇인가'라는 질문은 그리 좋은 질문이 아니다. 상대방을 우울하게 만들 뿐만 아니라 어떤 면에서든 좋을 것 없는 질문이다. 하지만 어떤 연유에서건 이 질문을 던졌다면, 장담하건대 습관에 대한 다양하고도 시시콜콜한 사연들을 듣게 될 것이다.

라이프코치로서 나는 굳이 묻지 않아도 돌아오는, 사람들이 가장 실망스러운 경험으로 꼽는 영역의 이야기들을 늘 듣는데, 그 경험에는 '습관'이 주인공으로 자주 등장한다. 원치 않는 생각과 행동은 우리의 인생에서 장애물로 작용한다. 생각만 해도 즐거운 꿈과 가장 선한 의도에서 나온 행동도 나쁜 습관이 끼어드는 순간 금세 제 궤도를 벗어나고 마는 것이다.

게다가 나쁜 습관은 이들을 자신의 노예로 삼는다. 나쁜 습관의 노예가 되면 머리로는 진실이 무엇인지 알면서도 아는 것을 행동으로 옮기지 않으며, 그렇게 하지 않는 이유를 자신도 알지 못한다. 습관은 우리에게서 원하는 인생을 앗아갈 뿐만 아니라, 결국 우리가 스스로에게 겨누게 될 탄환이 된다.

인간은 본래 번영繁榮하도록 설계되었다. 행복은 인간의 본성이다. 그래서 행복하지 않을 때 본능적으로 행복한 상태로 되돌아갈 방법을 찾는다. 행복과 성공에 대한 인간의 욕망을 보여주는 한 가지 증거는, 우리가 원치 않는 습관을 떨쳐내기 위해 종종 극단적인 방법을 시도하면서까지 모든 노력을 한다는 사실이다. 그러나 그와 같은 노력은 좌절감과 무력감만 남긴 채 끝나버리기도 한다.

그렇게 될 필요가 없는 일이기에 더욱 안타깝다. 자신을, 그리고 자신의 습관을 새로운 시각에서 보면, 변화는 쉽게 찾아온다. 지금부터 함께 짚어갈 19개의 장에는 습관을 새로운 눈으로 보는 데 도움을 줄 다양한 이야기들이 담겨 있다. 그리고 그 새로운 눈은 당신에게서 나쁜 습관을 무력화하고, 당신이 원하는 방식으로 인생을 온전히 즐길 수 있는 자유를 선사할 것이다.

습관은 생각에 기반을 둔 경험이다

이 책은 나쁜 습관을 멈추는 일에 관해 당신이 그동안 읽었던 다른 책들과는 확연히 다른 것을 말한다. 목표를 설정하라거나 의지력을 활용하라거나 특별한 훈련 방법이 있다고 말하지 않는다. 또한 과거를, 인생 전반을, 그리고 습관적인 행동을 하게 만드는 감정적 공허함을 점검하라고 다그치지 않는다. 습관을 야기한 외부 요인이 무엇인지 고민할 필요도, 습관적 행동을 유발하는 충동이 찾아왔을 때 그 행동을 대신할 다른 행동을 목록으로 만들 필요도 없다. 이 책이 제시하는 접근법은 전혀 다르다.

이 책의 전제는 다음과 같다.

습관은 개인의 본성과 전혀 상관없다. 습관은 과거를 되돌아보거나 인생을 분석하지 않고도 떨쳐낼 수 있는, '생각에 기반을 둔 경험'이다.

나쁜 습관은 의지력 또는 원칙 부족의 문제가 아니다. 습관적 행동을 일으킨 원인을 모른다거나, 극복 메커니즘을 활용할 줄 모른다고 해도 전혀 문제될 건 없다. 습관을 떨쳐내는 일은 진정한 자아를 깊이 이해하는 일, 습관과 자신의 본질을 깊이 들여다보는 일과 밀접하게 연관되어 있기 때문이다.

습관은 본래 행복을 추구하려는 인간 본능에 뿌리를 내리고 있다. 쉽게 말해, 대부분의 사람들은 습관을 현재의 불편한 기분을 더 이상 느끼지 않기 위해, 때로는 감각을 무디게 만들어서라도 현재에서 벗어나기 위해, 그리고 보다 평화롭고 차분한 원래의 상태로 되돌아가기 위해 사용한다. 습관은 자연스럽고 편안한 기분을 얻기 위해 사용하는 '잘못된' 접근방식이다.

하지만 그 효과는 얼마나 좋은지……. 습관은 잠시나마 고통으로부터 우리를 구원해준다. 습관은 괴로운 생각을 잠재우고, 자신이 처한 상황에서 눈을 돌리게 해주며, 특정 경험들을 보지 못하게 가려주기도 한다.

말하자면 이런 것이다. 무기력함이 밀려온다. 그런데 그때 우연히 그 감정을 즉시 진정시켜줄 특정한 행동, 물질, 또는 강박행동을 우연히 발견하게 된다. 그때부터 습관은 금세 한 자리를 잡고 눌러 앉는다. 이제 습관적인 생각 또는 행동은 우리가 손에 넣을 수 있는 최고의, 가장 효과 빠른 행복 추구 옵션처럼 보이기 시작한다.

한편 습관은 현재의 마음상태를 보여주는 귀중한 정보를 제공하기도 한다. 습관적 행동을 유발하는 강한 긴장감과 불편함을 느꼈다면, 그와 같은 느낌이 들 때마다 우리가 자신만의 생각에 갇힌 채 그 생각에 관한 불편한 경험을 스스로 만들어내고 있다는 사실을 인지하는 신호로 삼을 수 있다. 이와 같은 관점에서 습관은 우리가 한 걸음 뒤로 물러서서 마음을 비우고 진정한 자신의 모습을 되돌아볼 기회를 제공하기도 한다.

결론적으로, 습관은 우리가 내적 갈등을 겪거나 불만족스러운 상황에 직면했을 때 본래 타고난 행복한 기분으로 돌아가기 위해 취하는 행동이라고 할 수 있다. 그러나 습관은 견고하게 자리 잡힐수록 그 자체로 골칫거리가 된다. 고통을 회피하는 데 도움을 주었던 습관이 이제는 자신도 알아차리지 못하는 사이에 그 자체로 처음 회피하려던 고통보다 더 큰 문제로 자리 잡고 만다.

습관에 길들여진 뇌는 습관을 유지하는 데 혈안이 되어 그 과정에서 '충동'을 활용한다. 이때 충동은 습관적 행동을 촉발하는 생각 또는 기분을 의미한다. 충동은 다양한 형태로 찾아온다. '괜찮아, 마지막으로 이메일만 한 번 더 확인해봐'와 같은 생각에서부터, 흡연 욕구, 음주 욕구와 같이 감정을 통제하고, 행동을 촉발하고, 참는 게 거의 불가능한, 온몸을 뒤흔드는 감정도 충동이다.

특정한 경험을 회피하기 위한 수단으로 습관을 계속해서 활용하면, 회피하려던 그 고통스러운 경험은 이내 충동으로 자리 잡고 만다. 내적 경험을 회피하기 위한 수단으로 습관을 활용하는 건 여전하지만, 고통의 원인 자체가 달라지는 것이다.

어쩌다 이 지경이 됐을까?

습관적 행동을 일으키는 극도로 불편한 이 욕구는, 충동에 굴복할 때마다 신경학적으로 강화된다. 충동이 강화되고 잦아짐에 따라 충동에 굴복하는 것 이외의 다른 선택을 하기가 어려워지고, 그 결과 자꾸만 습관이 강화되는 고통스러운 악순환이 시작된다. 그러나 이 책 전반에서 이야기하겠지만, 습관을 떨쳐내는 일은 뇌의 신경학적 상태와 관계없이 언제나 가능하다.

이 책에서는 넓은 의미에서 습관을 다음과 같이 정의한다.

습관: 한 사람이 떨쳐내고 싶어 하는 반복적인 생각 또는 행동

특히 나는 두 종류의 습관에 중점을 두고자 한다. 첫 번째는 도박, 인터넷 중독, 폭식, 일중독, 과소비, 배우자에 대한 폭력 등 행동적 습관이다. 두 번째는 두려움, 공포증(고소공포증, 대인공포증 등), 끝없이 이어지는 생각(누가 자신을 비난하고 있다는 생각, 또는 나쁜 일이 일어날 것이라는 생각 등) 같은 정신적인 혹은 생각에 기반을 둔 습관이다. 일반적인 두려움이나 공포증은 생각에 기반을 둔 습관으로 여겨지는데, 그 습관의 근간이 주관적이고 반복적인 생각에서 비롯된 두려움이기 때문이다. 대체로 이와 같은 두려움은 대단히 생생하고 설득력 있어 보인다.

지금 당신에게 습관에 대해 떠올려보라고 한다면, 아마 위에 언급한 첫 번째, 즉 행동적 습관과 같은 것들을 떠올릴 것이다. 하지만 이 책에서는 모든 습관이 생각을 기반으로 한다는 전제하에, 반복되는 생각 및 정신적 습관을 행동적 습관과 동일하게 다룬다. 매 순간 우리는 머릿속에 떠오른 생각을 기분으로 느낀다. 이게 바로 기분이 형성되는 원리다. 기분은 생각의 직접적인 결과로 생성되며, 우리의 행동을 백퍼센트 좌지우지한다.

행동적 습관과 정신적 습관 사이의 유일한 차이점은 초점이 어디에 맞춰져 있느냐다. 행동적 습관에 관해 이야기할 때, 우리는 행동 그 자체에 중점을 두는 경향이 있다. 그래서 손톱을 물어뜯거나, 지나치게 일에 몰두하거나, 강박적으로 청소를 하는 등의 행동 자체를 문제로 본다. 하지만 행동 자체에 중점을 두어도, 실제로 문제의 근원은 '생각'이다. 어떤 행동을 하든 그 행동을 하는 이유는 우리가 머릿속을 지나는 생각들을 이해하는 방식 때문이다.

정신적 습관의 경우, 우리는 겉으로 드러나는 행동보다 내적인 상태에 더 집중하는 경향이 있다. 예를 들어, 연인과의 관계에 대해 불안한 생각들을 습관적으로 떠올린다면, 그와 같은 생각이 떠오를 때 경험하는 내적 혼란이 마치 우리가 겪는 고통의 주요 원인처럼 느껴진다. 우리는 종종 그와 같은 생각을 어떤 행동으로 옮기고, 그 행동은 의심할 여지없이 더 큰 고통을 야기한다. 그러나 여전히 문제의 원인은 외적(행동적) 삶보다 내적(정신적) 삶에 그 뿌리를 두고 있다. 다시 한 번 말하지만, 실제로 우리의 내적 삶, 즉 생각은 언제나 우리가 느끼는 모든 기분과 우리가 하는 모든 일의 직접적인 원인이 된다.

이 책이 말하는 '생각'은 우리가 그동안 생각해왔던 것과는 다소 차이가 있을 수 있는데, 즉 특정한 생각의 내용 또는 우리가 인지하는 걱정스러운 생각에 한정되지 않는다. 내가 좀 더 넓은 의미에서 정의 내린 생각은 우리가 인생을 경험하고 개척해나가게 하는 창의적인 힘이다(뱅크스, 1998, 2007). 인간의 모든 경험은 생각이라는 창의적 재능을 거쳐 우리에게 온다. 의식적이든 무의식적이든 생각 없이는 오늘날 우리가 알고 있는 방식으로 무언가를 경험하는 일은 불가능하다.

다른 관점에서 습관을 보면

삶에 대한 영적 이해는 세상을 더 넓은 눈으로 보게 해준다. 여기서 '영적 이해'란 삶의 모든 경험이 '세 가지 원리Three Principles'에서 형성됨을 말한다. 이 세 가지 원리들의 상호작용이 모든 인간 경험의 기원을 설명한다.

우선 '우주적 사고'에 관한 원리는 모든 삶의 근원이 되는 창의적 에너지에 대해 설명한다. 우주적 사고는 모든 생명체의 힘의 원천이며,

우주 전체와 그 안에 존재하는 모든 것을 창조하고 작동하게 하는 무한한 우주적 지능이다. 우주적 사고는 언제나 우리 인간의 내면을 가로지른다.

그다음, '생각'에 관한 원리는 우리가 삶을 이해하고 경험하는 방식을 말한다. 우리가 아는 모든 것들은 생각을 통해 전해진다. 생각의 원리는 우주적 사고의 창의적 에너지에 생명을 불어넣고, 이를 경험으로 구현해내는 매개체다.

마지막으로, '의식'의 원리는 우리로 하여금 생각의 창조물을 경험하게 한다. 의식은 마치 머릿속에 설치된 영사기와 같다. 의식은 생각에 생명을 불어넣고, 내적으로 일어나는 일에 생생하고 감각적인 경험을 전달한다. 경험은 우리의 내면에서 형성된다. 하지만 우리는 마치 자신을 둘러싼 세상을 통해 삶을 경험한다고 느낀다. 실제로는 현상이 내부에서 외부로 발현된 것인데도, 외적 요인이 내부에 영향을 미친 것처럼 보이는 것이다.

우주적 사고, 생각, 의식, 이 세 가지 원리는 우리가 삶에서 겪는 모든 경험을 아우른다. 우주적 사고에 힘입어 생각이 경험을 형성하고, 의식은 그 경험에 생명력을 불어넣는다. 삶의 모든 순간은 이 세 가지 원리 사이의 상호작용을 통해 우리 내부에서 만들어지는 것이다. 우리는 경험의 산물이 아니라, '물리적 형태를 띤 우주적 사고(영적 에너지)'다. 변화무쌍한 인생 경험을 맛보게 해주는 생각과 의식을 타고난,

축복받은 존재들이다.

우리는 본래 마음의 평화와 명확성, 연대의식으로 충만한 사람들이다. 우리는 자신감 있고, 침착하며, 습관으로부터 자유로운 사람으로 태어났다. 타고난 습관이란 없으며, 습관은 우리 자신을 이루는 핵심 요소가 아니다. 비록 생각과 감정, 행동이 습관의 지배하에 있을지라도, 습관은 우리의 본질에 대해 아무것도 말해주지 않는다. 우리의 본질은 표면적으로 드러난 생각, 감정, 행동 밑에 깔린 채 언제나 그곳에, 언제나 진실한 모습으로 존재해왔다.

우리는 본질적으로 번영하도록, 습관으로부터 자유롭도록 설계되어 있기 때문에, 그러한 진실에서 지나치게 멀어지는 건 불가능한 일이다. 건강이나 명확성 같은 단어가 남의 얘기처럼 들리는가? 나 역시 그랬다. 하지만 그건 우리가 생각 속에서 길을 잃었기 때문에 그렇게 보이는 것뿐이다. 사실은 우리를 본래 타고난 건강한 상태로 되돌려줄 어마어마한 원동력이 우리를 기다리고 있다. 이때 회복력, 그리고 진정한 자아로의 회귀력이 대단히 중요한 역할을 한다.

습관은 물론, 모든 종류의 의견, 판단, 살아가며 느끼는 불안 역시 모두 '생각'이라고 규정할 수 있다. 드넓은 생각의 바다에서 살아가는 우리는, 그렇기 때문에 생각을 생각으로 인지하지 못한다. 머릿속을 떠가는 생각이 외부의 현실을 반영한 진실이라고 받아들이는 것이다. 그러나 실제로 진실은 그 반대다. 수세기에 걸친 영적 통념을 비롯하여 현대 물리학에서도 한가지 사실을 지적한다. 우리를 둘러싼 세상 속에서 우리가 하는 경험은 그 세상에 대한 우리의 생각이 반영된 결과물이지 그 반대가 아니라는 점이다.

습관은 날씨와 같다

이렇게 생각해보면 어떨까? 우리는 현명하고, 명확하며, 평화로운 영적 존재다. 우리는 삶 전체를 책임지는, 보다 위대한 지능의 일부다. 나아가 우리는 인간으로서의 삶을 경험한다. 인간인 우리는 훌륭한 두뇌의 소유자이며 우리의 뇌는 생각으로 가득 차 있다. 생각은 그 누구도 아닌 자신만의 것으로, 우리 자신의 대단히 인간적인 측면을 상징한다. 자기 자신과 삶에 대한 생각, 의견과 판단, 두려움, 걱정, 선호로 가득 찬 인간적인 모습 말이다. 우리의 인간적인 측면은 생각과 감정, 행동, 그리고 인간이 경험할 수 있는 모든 것을 경험한다. 그러나 우리는 종종 자신이 가진 건강한 영성을 보지 못하기 때문에, 경험 속에서 쉽게 길을 잃고 그게 전부인 것처럼 믿고 만다.

우리는 자신의 생각을 너무 진지하게 받아들인다. 마치 소유물이기라도 되는 것처럼 생각을 움켜쥐기도 하고, 자신을 해칠 수 있을 것처럼 생각을 두려워하기도 한다. '나다움'을 느끼기 위해, 불편한 기분에서 벗어나기 위해 우리는 자신의 경험을 수정하거나 조작하려고 한다. 그러나 아이러니하게도, 경험을 거부하거나 바꾸려고 노력하는 과정에서 경험이 오히려 강화되기도 한다. 저항의 에너지가 생각과 감정에 집중되다 보니 그 결과 더 큰 힘을 얻게 된 생각과 감정이 경험을 쥐고 흔드는 것이다. 대조적으로, 경험과 자신을 동일시하지 않고 있는 그대로 받아들일 때 그 경험은 순식간에 왔다가 자연스럽게 사라진다. 다만 그러기 위해서는 인간의 경험 저변에 살아있는 영적 진실에 대한 풍부하고 의미 있는 식견을 보유해야 한다.

언제나 파랗고, 언제나 청명하고, 언제나 햇빛이 가득한 하늘. 결코 무너지지 않는 우리의 영적 정수는 마치 변치 않는 하늘과 같다. 그리고 우리 인간의 경험은 그 하늘을 지나가는 날씨다. 종종 날씨(생각, 감정, 행동)가 끼어들어 파란 하늘을 뒤덮어버린다. 거센 폭풍이 몰려와 눈앞에 보이는 거라곤 비바람뿐일 때도 있다. 짙은 구름이 겹겹이 쌓여 그 너머에 태양이 존재한다는 사실을 잊을 때도 있다.

하지만 날씨는 하늘을 방해할 수 없다. 하늘은 날씨를 담는 그릇과 같을 뿐 날씨의 영향을 받지는 않는다. 우리의 영성이 경험을 담고 있으면서도 경험으로부터 영향을 받지 않는 것과 같다. 그리고 생각이나 감정과 마찬가지로 날씨는 언제나 일시적이다. 때때로 금방 왔다 가기도 하고, 가끔은 오래 머물기도 한다. 우리를 기분 좋게 만드는 날씨도 있지만, 욕을 퍼붓고 싶은 날씨도 있다. 어쨌거나 종류를 막론하고 날씨는 표면에만 존재하며, 일시적인 현상에 불과하다.

정리하자면 이렇다. 우리는 원래 습관으로부터 자유롭다. 깊은 안식, 사랑, 감사를 느낄 때 우리는 자신의 진짜 자아와 연결되며, 습관은 더 이상 문제가 되지 않는다. 더 이상 존재하지 않기 때문이다.

우리가 삶을 스쳐가는 경험이라는 날씨에 사로잡혀 있을 때, 다시 말해 그저 삶에 '존재'하는 대신 삶에 대해 '생각'할 때, 습관이 불쑥 나타난다. 이와 같은 현상은 우리의 인간적인 측면과 밀접하게 연관되어 있다. 습관은 머리가 만들어낸 결과이지 영혼 혹은 마음의 결과물이 아니다. 심지어 우리 자신이 만들어낸 것도 아니다. 습관은 혼자 남겨진 나에게 찾아왔다가 이내 떠나는 일시적이며 순간적인 생각의 창조물일 뿐이다.

생각에 자가 교정 능력이 있다는 사실을 감안하면, 습관 역시 어떤 면에서는 스스로 교정하는 능력을 가지고 있다고 볼 수 있다. 구름이 하늘을 지나듯이, 경험이 우리를 지나가도록 할 방법이 있다. 폭풍 속에 갇힐 필요는 없다.

책장을 넘길수록 영적 이해에 대해 훨씬 더 많은 이야기를 읽게 될 것이다. 그리고 그 진실에 가까이 다가갈수록 지금껏 습관을 부추겼던 생각들을 '묵살'하기가 점점 쉬워질 것이다. 눈앞의 날씨, 즉 습관과 상황에만 몰두한 채, 자신의 본 모습과 내재된 복원력에 관한 진실에 눈 감기는 쉽다. 나는 당신이 이 책을 읽어 내려가는 내내 이 점을 상기시킴으로써, 당신이 이미 알고 있는 진실에 다시 눈 뜰 수 있게 돕고자 한다.

과학적 관점에서 본 습관

현대의 신경과학 덕분에 우리는 습관을 보다 정확하고 희망적으로 바라볼 수 있게 되었다. 이 책에서 다룰 뇌과학은 앞서 소개한 영적 원리를 물리적으로 형상화한 개념이다. 다시 말해, 영적 이해는 비물리적이며 형태가 없다는 뜻이다. 영적인 측면에서 생각은 무형의 영적 에너지를 우리가 직접 경험할 수 있는 무언가로 변형시키는 매개체다. 과학적인 측면에서 '생각'이라고 불리는 특정한 두뇌 활동은 영적 에너지가 물리적 실체, 즉 뇌를 통해 그 모습을 드러낸 것이다.

신경과학에 따르면, 습관이 형성되는 이유는 우리가 자신의 생각이나 충동에 반응하는 방식 때문이다. 충동에 따라 행동하면, 뇌의 습관 배선이 강화된다. "함께 활동하는 뉴런은 한데 연결된다Neurons that fire together wire together"라는 말을 들어본 적이 있는가? 두 가지 일(예컨대 충동이 생기고, 그 충동에 굴복하는 일)이 계속해서 동시에 발생하면, 결국 이 두 사건은 신경학적으로 더욱 강력하게 연결된다는 말이다(샤츠 및 도이지의 논문에 인용, 2007). 우리가 충동에 굴복할 때마다 뇌에서는 습관을 담당하는 신경조직이 강화된다. 다시 말해, 충동을 계속해서 만들어내도록 뇌에 명령을 내리는 건 다름 아닌 자신이다. 충동에 굴복하는 것만으로 습관은 더욱 강화되고, 시간이 지남에 따라 떨쳐내기 더욱 어려워진다.

'그럼 충동에 굴복하지 않으려면 어떻게 해야 하지? 머릿속을 완전히 장악한 이 끔찍하고 불편한 충동을 떨쳐내고 싶어.' 지금쯤 당신의 머릿속에 떠올랐을 이 궁금증이 여기까지 들릴 정도다(나도 오랜 시간 같은 고민을 했기에 알 수 있다). 우리가 충동에 굴복하는 이유는 그게 우리가 아는, 충동을 사라지게 하는 유일한 방법이기 때문이다. 충동이 주는 끔찍한 기분을 알기에 충동을 떨치는 일 자체에 우선순위를 두려는 당신의 심리를 이해한다.

충동은 종종 어마어마한 중압감과 함께 찾아온다. 게다가 충동을 없애고 중압감을 떨쳐버리려면 충동에 굴복하는 수밖에 없다는 기분도 든다. 당신이 습관적 행동을 하기로 의식적으로 결정을 내리는 건 아닐지라도, 어느 순간 충동에 굴복하고 그 충동을 행동으로 옮기는 일이 거의 반사적으로 일어날 수 있다.

이 책 전반에 걸쳐 이야기하겠지만 한 가지 좋은 소식은, 충동을 사라지게 하기 위해 꼭 충동에 굴복할 필요는 없다는 것이다. 사실 충동을 떨쳐내기 위해 해야 할 일은 없다. 우리가 충동에 관한 진실을 들여다보는 순간 충동은 스스로 물러가기 시작한다.

뇌에 관한 한 연구는(슈와츠 및 베글리, 2002) 우리가 생각하고, 집중하고, 깨달음을 얻을 때 뇌가 어떻게 변할 수 있는지를 보여준다. '자기주도적 신경가소성Self-directed neuroplasticity'은 우리가 자신의 생각에 대해 생각하는, 다시 말해 생각을 곱씹는 과정에서 뇌가 스스로 연결 배선을 물리적으로 조정한다는 개념이다. 한 예로, 마음챙김 수련을 시작한 강박장애 환자는 맨 먼저 자신의 충동적인 생각과 충동 자체를 관찰자의 입장에서 객관적으로 보는 훈련을 받는다. 생각 자체는 자신의 내부에서 발생한 것일지라도 자신과 그 생각을 동일시하지 않는 관점을 배우는 것이다.

그렇게 하면 충동적 생각이나 충동이 주는 중압감은 훨씬 줄어들고, 충동을 묵살하기도 쉬워진다. 충동을 묵살할 수 있다는 건, 충동에 굴복해 습관을 발현시키는 빈도가 훨씬 줄어든다는 것을 뜻하며, 그 결과 뇌에서 충동의 존재가 극적으로 힘을 잃게 된다. 이와 같은 통찰력을 부여하는 자기주도적 집중 훈련을 받은 강박장애 환자들은 강력한 향정신성 약물을 복용한 환자들과 동일한 수준으로 강박증상을 개선할 수 있었다.

당시만 해도 강박장애 환자들에 대한 제프리 슈와츠의 연구는 이 분야에서 선구적인 연구 중 하나로 꼽혔다. 그러나 이제 이 연구 결과는 전 세계 심리학연구소에서 복제되어 다양한 습관에 관한 연구에 활용되고 있을 만큼 현재 시점에서 신경가소성에 대한 연구는 증거 기반이 탄탄한 연구로 꼽힌다. 뇌는 우리가 스스로의 생각을 어떻게 보는지, 어떻게 이해하는지에 따라 변화할 수 있다.

충동과 욕구는 순간적으로 스쳐가는 메시지일 뿐 '나'를 대변하지 않으며, 자신의 진짜 욕구나 열망과는 관계가 없다. 이와 같은 진실을 들여다볼 수 있을 때, 충동과 욕구는 그 힘을 잃고 묵살하기 훨씬 쉬워진다.

충동에 반복적으로 굴복하는 대신 충동을 묵살하면, 결과적으로 충동은 사라진다. 충동 없이, 우리가 자신의 진실된 자아 안에서 휴식을 취할 때, 습관은 지난 일이 된다.

정신과 과학의 교차점

'우리는 완벽하고 온전하게 정신적으로 건강하며 (종종 떠오르는 습관적 생각을 제외하면) 습관으로부터 자유롭다'라는 영적 진실과, '습관은 스스로 사라져버릴 생각들로 이루어져 있다'라는 과학적 발견, 이 두 가지 이론을 결합하면 습관은 지금까지보다 훨씬 약하고 불안정한 존재로 보이기 시작한다.

생각은 (다른 모든 경험과 마찬가지로) 영원히 오고 가길 반복하며 언제든 새로운 경험으로 대체될 수 있다는 영적 진실과, 습관(그리고 충동)

을 뒷받침하는 생각은 그 진실을 조금만 깊이 들여다보기 시작하면 이내 스스로 사라져버린다는 과학적 발견을 고려하면, 우리의 순진무구한 오해가 습관의 유일한 원동력이라는 사실이 명백해진다. 마치 고정되어 있고, 떨쳐낼 수 없고, 피할 수 없어 보이는 습관은 실제로는 쉽게 동요하고 변한다.

습관은 영적 기반과 물리적 기반(뇌)을 모두 가지고 있다. 영적 기반은 깊은 곳에 자리하고 있다. 영적 기반은 가장 기본적이면서도 근본적인 이해를 제공하지만 눈으로 볼 수는 없다. 우리는 이 기반을 그저 감지하고, 느끼고, 직관적으로 이해할 뿐이다. 영적 기반은 설명하기 쉽지 않지만 어쩌다 보니 그냥 알게 되는, 마치 상식 같은 존재다. 반면에 과학은 영적 기반이 현실 속에 형상화된 것으로, 눈으로 볼 수 있는 데이터, 관찰 가능한 물리적 증거를 통해 얻을 수 있는 이해다.

이 두 가지를 별개의 개념으로 이해해서는 안 된다. 실제로 그렇지 않으니까. 영적 진실은 우리가 누구인지, 감각 너머의, 혹은 감각 이전의 가장 기본적이며 근본적인 차원에서 경험이 어떻게 작용하는지에 관한 진실이다. 영적 진실은 물리적으로 보거나, 듣거나, 만질 수 없는 무언가를 암시한다. 영적 진실은 저절로 느껴지는 진실로서, 우리가 몸소 감지할 수 있는 과학적 사실에 선행한다. 그 후에 뇌스캔 및 명백히 드러난 생각, 감정, 행동을 통해 관찰할 수 있는 것이 바로 영적 영역이 물리적으로 형상화된 결과다. 이렇게 생각하면, 과학적 진실은 영적 진실 이후에 찾아오는 현상으로 이해할 수 있다.

뇌는 실체를 가진 기계와 같다. 그러나 그 상태는 고정적이지 않으며, 우리에게 내재된 안녕과 행복, 자유를 습관으로부터 영원히 지켜주지는 못한다. 뇌와 몸을 완성하고 힘을 부여한 영적 에너지는 바로 우리 자신이며, 이 에너지가 뇌의 독재를 저지할 수 있게 해준다.

영적 이해는 퍼즐의 '잃어버리기 일쑤인' 한 조각으로 비유되곤 한다. 그 한 조각이 없으면 퍼즐은 완성되지 않는데 가뜩이나 자주 사라지는 것이다. 나는 당신이 그 사실을 깨우치는 과정에 이 책이 도움이 되기를 바란다. 이미 형상을 갖춘 것 이전에 무엇이 있었는지를 탐구함으로써 우리는 삶의 변화무쌍한 속성을 들여다볼 수 있다. 우리 자신도 습관도 변함없이 고정된 존재는 아니다. 우리는 무한한 가능성을 품은, 매 순간 새로운 인간이다. 이처럼 영적 관점과 신경학적 관점을 동떨어진 각각의 실체가 아니라 같은 동전의 비정형적 측면과 물리적 측면을 보듯 함께 들여다보면, 이내 자신의 습관을 이전과는 전혀 다른 시각에서 보게 될 것이다.

나의 폭식 이야기

나는 이러한 접근법이 꽤 유용하다는 사실을 경험으로 알고 있다. 나는 폭식과 식욕이상항진증에 무려 8년이나 시달렸다. 폭식장애BED, Binge eating disorder의 증상 중 하나는 통제력을 잃고 어마어마한 양의 음식을 먹어대는 것이다. 식욕이상항진증 환자의 경우, 폭식을 한 뒤 방금 소비한 칼로리를 상쇄하기 위해 구토를 하거나 설사약을 복용한다. 내 경우 구토를 하거나 설사약을 복용한 적은 없지만, 폭식 이후 음식 섭취 자체를 중단하거나 며칠간 극도의 고강도 운동을 하곤 했다. 그러나 이러한 보상 행동은 폭식을 통해 섭취한 수천 칼로리를 감당하기에는 역부족이었고, 그 결과 체중과 기분, 그리고 전반적인 마음 상태는 그 8년간 걷잡을 수 없이 요동쳤다.

섭식장애를 습관으로 묘사하는 것이 이상하게 들릴지 모르겠다. 이와 같은 관점이 종종 논란이 된다는 사실은 나 역시 인지하고 있다. 하지만 이 책에서는 습관을 특정 개인과 상관없는 일이자, 뇌가 만든 충동에 따라 행동하기 때문에 존재하는, 반복적인 생각이나 행동으로 본다. 따라서 폭식장애와 식욕이상항진증에 동반되는 폭식 및 설사제 복용 같은 행동은 이 책에서 다루는 습관의 범위에 부합한다.

이 책은 생각이 모든 습관의 기저에 깔린 근원이라고 지적한다. 사실 이 전제는 습관뿐 아니라 우리가 살면서 겪는 모든 경험에도 적용된다. 이때 중요한 것은 생각의 내용, 즉 우리가 '어떤' 생각을 하는가가 아니라, 생각을 '한다'는 사실 자체다. 우리가 겪는 모든 행동, 감정, 경험은 생각의 창조물이다.

나는 중독 및 질병을 생각이 유발한 습관으로 봐야 하며, 이런 관점은 우리에게 커다란 희망을 주는 일이라고 본다. 생각은 초 단위로 변한다. 그리고 생각이 변할 때, 그 생각에 기반을 둔 행동이 변하는 일도 종종 있다. 습관에 사로잡혔다는 말은, 실제 같아 보이는 생각에 사로잡혔다는 뜻이다. 하지만 그러는 동안에도 우리의 본성은 변하지 않는다. 본성은 변할 수 없기 때문이다. 우리는 행복하고, 평화로우며, 정신적으로 건강한 인간으로 태어난다. 하지만 습관적으로 떠올리는 표면적 생각이 우리의 행복한 본성에 가면을 씌운다. 그 표면적 생각을 진짜 자신의 모습이라고 착각할 때 우리는 고통을 겪게 되며, 습관은 실제보다 훨씬 더 강력하고 심각한 것처럼 느껴진다.

습관이 나를 놓아주지 않는 내내 나는 폭식장애와 식욕이상항진증에 속수무책으로 시달렸다. 나는 습관을 떨쳐버리기 위해 할 수 있는 모든 것을 시도했다. 사실 나는 대단히 엄격한 원칙주의자다. 하지만 원칙과 의지만으로는 습관을 떨쳐내기에 역부족이었다. 스스로 세운 원칙을 지키고, 폭식증을 통제하려 애를 쓰면 쓸수록 습관은 점점 악화될 뿐이었다.

그다음으로 내가 시도한 방법은 습관을 통제하려고 노력하는 대신 관심을 돌리는 것이었다. 충동이 일 때마다 다른 데로 관심을 돌려 충동을 잊으려고 했다. 나는 충동을 예방하려고 했다. 폭식이 시작되기 전에 드는 생각 자체를 피하면 될 것 같았기 때문이다. 전형적인 테라피, 자기계발서, 에너지 기반 양상 치료법 등 할 수 있는 건 모두 시도했다. 그러나 도움이 될 것이라고 믿었던 방법 중 그 무엇도 효과는 없었다.

나는 뭔가 놓친 게 있을 거라고, 못 보고 지나친 게 있을 거라고 생각했다. 아니면 뭔가를 잘못하고 있거나. 라이프코치로서 고객들을 대할 때도 사기꾼이 된 기분이었다. 정작 본인의 삶은 이렇게 엉망진창인데 내가 뭐라고 남들을 돕는단 말인가?

습관이 최악으로 치달았을 때 나는 당시에도 이미 삶의 일부였던 다양한 영적 원리에 기대려고 최선을 다했다. 머릿속에서 이어지는 대화를 '진실'이 아니라 '지나가는 생각'으로 보았고, 매일 머릿속을 흘러가는 것들 대부분이 습관적이고, 한쪽으로 치우친, 그날그날의 상태에 따라 빠르게 변하는 생각에 불과하다는 사실을 받아들였다. 특히 그와 같은 시각에서 감정을 관찰했다.

마음의 평화 외에 다른 기분이 느껴진다면, 그건 내가 현명한 방식으로 인생을 보지 못하고 생각에 사로잡혀 있다는 뜻이었다. 영적 훈련은 습관에 있어서는 눈에 띄게 긍정적인 변화를 이끌어냈지만, 처음에는 이와 같은 훈련법을 온전히 받아들이는 데 어려움이 있었다. 이 훈련법은 여러 측면에서 전형적인 심리학 이론과는 배치되는 방식이었기 때문이다.

범인은 내 안에 있었다

내가 만난 테라피스트들은 자신의 분야에서 꽤 존경받는 훌륭한 분들이었지만, 이들의 접근방식, 즉 과거를 들여다보고, 자신의 감정을 들여다보고, 충동을 일으키는 요인들을 점검하고, 습관을 극복하는 메커니즘을 시도한 모든 것들은 도움이 되지 않았다. 그들은 내 습관을 질병이나 정신질환의 일종으로 보았고, 따라서 나를 아픈 사람 혹은 병든 사람으로 대했다. 이들의 임무는 내 문제를 해결하고 고치는 것이었다.

반면 나의 신념은, 나는 건강한 정신을 타고났으며, 앞으로도 그 사실은 변치 않는다는 것이었다. 단지 겉으로 보기에 의미 있어 보이고 진짜 같아 보이는 가짜 생각을 습관적으로 떠올리게 된 것뿐이다. 마음으로는 신념의 목소리가 진실임을 알았지만, 이 문제를 수십 년간 연구해온 저명하고 직업의식이 투철한 의사들의 주장을 반박하는 건 쉽지 않은 일이었다. 나는 이 둘 사이에서 갈피를 잡지 못했고, 결국 두 이론 사이를 오가며 혼란을 느꼈다.

내가 만난 테라피스트들은 모두 내게 연인과 사이가 나쁜지, 직장에서 문제가 있지는 않은지, 혹은 내가 스스로에 대해 불만족스러운지 물었다. 불행이 습관을 초래한 요인이라고 생각했던 것이다. 솔직히 말하자면, 그건 전혀 사실이 아니었다. 물론 낯선 도시로 이사한 뒤 생긴 변화에 적응해야 하는 어려움이 있긴 했지만(당시 나는 대학원을 마치고 시카고로 이사한 상태였다), 그건 대부분의 동료들에게도 마찬가지였다. 그렇다고 그들이 모두 폭식과 단식의 끔찍한 고리에 갇힌 건 아니지 않은가. 남자친구였다가, 약혼자였다가, 남편이 된 사람과 함께하는 새로운 삶에 적응해야 했던 것도 사실이다. 하지만 우리 관계는 훌륭했다. 그는 스트레스의 원인이라기보다 힘의 원천이었다. 습관의 원인을 내 생활환경에서 찾는 건 말이 안 되는 일이었다.

테라피스트들은 내게 폭식 직전에 나타나는 전조증상, 폭식의 계기 등 의심스러운 외부 요소들을 관찰해보라고 제안했다. 물론 폭식 습관에 눈에 띄는 패턴들이 있긴 했지만, 각 패턴에는 셀 수 없이 많은 변수들이 있었다. 주중보다는 주말에 폭식을 하는 경향이 있었던 건 사실이지만, 한동안은 매일같이 폭식을 해대기도 했다. 저녁시간대에 폭식을 하는 경향이 있긴 했지만, 그렇다고 아침에는 전혀 폭식을 안 했던 것도 아니다. 주로 사교행사에서 폭식하곤 했지만 종종 행사가 시작되기 전, 때때로 행사가 끝난 후, 가끔은 행사 도중에 폭식한 적도 있었고, 사교행사에 참가했음에도 전혀 폭식하지 않을 때도 있었다. 폭식의 계기를 좇으면서 나는 마치 두더지 잡기 게임을 하는 기분이 들었다. 한 요인을 찾아내는 순간, 이를 반박할 만한 사례가 튀어나오는 것이다. 이제 나는 폭식을 유발하는 요인이 외부에 있지 않다는 사실을 안다. 습관을 유발하는 유일한 요인은 우리 내부의 '생각'이다.

테라피스트들이 제안한 방법들 중 또 다른 한 가지는 폭식을 대체할 수 있는 활동을 목록으로 만드는 것이었다. 마치 내가 심심해서, 아니면 별다른 계획이 없어서 이 끔찍한 강박행동을 자발적으로 반복하고 있다는 듯이 말이다. 그들은 내게 앞으로도 평생 섭식강박에서 벗어날 수 없을 거라고, 스트레스를 받으면 언제든 다시 폭식증이 찾아올 거라고, 이 습관은 내가 영원히 감시해야 하는 존재라고 말했다. 나는 이 주장 중 어느 것도 사실이 아니라고 단언한다.

이러한 접근법 전체를 비판하려는 것은 결코 아니다. 고전적 방식의 테라피가 많은 사람들에게 도움을 주었다는 사실 역시 알고 있다. 그럼에도 직접 경험한 테라피의 내용을 세세하게 공유하는 이유는, 나처럼 희망을 품고 테라피스트들이 권유하는 방법들 중 다수를 이미 시도해본 독자가 분명 있을 거란 걸 알기 때문이다. 충동 유발 요인을 추적하고, 과거를 파헤치고, 상황을 둘러보는 등의 방법이 대다수의 전문가들이 믿는 문제의 해결책이다. 물론 이 방법들 중 일부는 도움이 될 때도 있다. 그러나 진짜 해결책은 그보다 훨씬 간단하고 훨씬 가까운 곳에 있다. 복잡하지도, 숨겨져 있지도 않고, 과거로부터 혹은 자신을 둘러싼 외부 요인으로부터 찾을 수 있는 것도 아니다. 문제의 해결책은 놀랍도록 단순하며 지금 이 순간에도 우리 내면에 존재한다. 그때는 미처 깨닫지 못했지만, 영적 훈련 덕분에 당시 나는 생각했던 것보다 훨씬 제 궤도를 잘 찾아가고 있었다. 테라피 역시 여러모로 도움이 되긴 했지만 습관을 떨쳐내는 데에는 효과가 없었다. 내게 필요했던 통찰력을 제공하지 않았기 때문이다.

생각 없는 뇌

그러던 어느 날 나는 내가 그 통찰력에 한 걸음 더 가까이 다가갔음을 깨닫게 되었다. 우연히 캐서린 한센의 『폭식증을 이기는 뇌Brain over Binge』라는 책을 발견하게 되었는데, 이 책에는 스스로 폭식증을 극복한 저자의 경험담이 담겨 있었다. 캐서린 역시 6년 동안 나쁜 습관의 노예가 되어 상상할 수 있는 모든 것을 다 시도한 끝에 갑자기, 그리고 영원히 습관에서 벗어날 수 있게 되었다. 캐서린의 이야기와 내 이야기가 얼마나 비슷하던지, 놀라울 정도였다.

캐서린이 습관에서 그토록 빠르게, 그리고 완전히 벗어날 수 있었던 이유는 그녀에게 습관에 대한 통찰력을 준 어떤 정보 덕분이었다. 그녀가 새로이 얻은 관점을 통해 자신의 습관을 마주한 이후, 그녀의 선택지에는 더 이상 습관을 지속한다는 옵션은 없었다.

그녀는 '합리적 회복Rational Recovery'이라 불리는 중독 치료 모임에서 우연히 그 새로운 정보를 접했다(트림피, 1996). 이 모임은 여러모로 '알코올중독자 협회Alcoholics Anonymous'와 다르지만, 그 중에서도 중독을 질병으로 보지 않는다는 점이 특히 두드러진다. 이 모임은 신경과학에 대한 이해 및 습관과 중독이 뇌에서 어떻게 형성되고 지속되는지에 대한 이해를 기반으로 진행된다.

이 책이 소개하는 접근법은 폭식증을 비롯해 다양한 범주의 습관에 적용 가능하다. 또한 이 접근법은 습관이 '하부 뇌lower brain'라 불리는, 진화론적으로 원시성을 띤 뇌 영역에서 발생한다는 사실을 이해하는 데서 시작된다.

하부 뇌는 인간의 생명 유지에 필요한, 대부분 자동으로 굴러가는 기능들을 관장한다. 식욕, 갈증, 성욕 등 생존을 보장하는 기능들이 여기에 해당된다. 하부 뇌는 합리적이지도, 사려 깊지도, 똑똑하지도 못하다. 또한 본질적으로 규칙을 관장하는 기계에 가까운데, 그런 점에서 습관과의 연관성이 두드러진다.

하부 뇌는 특정한 생각이나 행동 패턴을 포착해 그 패턴을 유지하기 위해 투쟁한다. 생존 및 규칙의 개발과 유지 모두를 관장하는 하부 뇌는 종종 생존과 규칙을 혼동해 그 둘을 한데 엮기도 한다. 그래서 마치 습관을 자신의 목숨이라도 걸린 일처럼 대한다. 여러 습관과 중독이 마치 죽느냐 사느냐의 문제처럼 느껴지는 이유가 바로 여기에 있다. 심지어 습관이 생존과 전혀 무관한 일임이 명백할 때에도, 충동을 좇는 것이 대단히 중요한 일처럼 느껴지기도 한다.

하부 뇌가 전달하는 메시지가 얼마나 단순한지, 얼마나 의미 없는지 깨닫지 못하면, 그 메시지가 진실이라고 믿게 되는 건 당연한 일이다. 이와 같은 오해는 충동을 따르도록 우리를 종용하는 내적 대화에도 반영된다.

모든 행동은 생각에서 시작된다. 머릿속에서 이루어지는 대화를 한 번 들어보자.

'지금 누굴 가지고 장난치는 거야? 넌 절대 바뀔 수 없어.'

'이번 한 번뿐이야. 내일부터 끊으면 되잖아?'

이 같은 메시지들은 단지 일시적인 생각에 불과하며, 기계적이고 현명하지 못한 하부 뇌가 보내는 메시지다. 하부 뇌는 이런 메시지를 생각 없이 규칙적으로 발생시키는데, 그 이유는 하부 뇌가 우리의 습관을 유지하도록 조건화되어 있기 때문이다. 따라서 습관적인 생각이 떠올랐다고 해서 자신을 탓하거나, 의미를 둘 이유는 없다.

생각은 생각일 뿐 내가 아니다

하부 뇌와는 대조적으로 상부 뇌는 의사 결정을 담당하는, 지각 있는 뇌 영역이다. 충동을 행동으로 옮길 것을 명령하는 '생각'에 귀 기울일지 말지 결정하는 뇌 영역이 바로 상부 뇌다. 하부 뇌 혼자서는 행동을 통제할 수 없다. 다시 말해, 행동을 통제하는 쪽은 조금 더 현명한 뇌라는 뜻이다. 실제로 기분으로 느낄 수는 없지만, 이 메커니즘의 진실을 들여다보는 순간 모든 게 달라진다.

『폭식증을 이기는 뇌』에서 소개한 간단한 신경과학 이론은 내가 오랜 시간 공부하고 직접 적용해본 영적 원리와 완벽하게 들어맞았다. '나'와 '나의 생각'은 동일한 존재가 아니며, 생각은 습관적이고 주관적이라는 사실, 그리고 생각이 꼭 자신을 둘러싼 환경을 반영하는 것은 아닐뿐더러, 우리가 노력 없이도 언제든 스스로 변화할 수 있다는 사실이 영적 진실의 핵심이다. 나는 이 이론을 이해함으로써 나쁜 습관에 종말을 고할 수 있었다. 그리고 이제는 현대 뇌과학 역시 이 이론을 지지한다.

습관을 완벽하게 떨쳐버렸다는 걸 어떻게 알게 되었는지에 대해서는 설명하기 어렵다. 다만 어떤 깊은 깨달음 덕분에, 정확히 말하자면 여러 번의 깨달음 덕분에 더 이상 습관이 내게 아무런 영향도 미치지 못한다는 사실을 명확히 볼 수 있게 된 것뿐이다. 그 8년 동안 나는 폭식 습관이 내게 어마어마한 힘을 휘두르는 것처럼 느꼈는데, 알고 보니 다름 아닌 나 자신이 습관에 그 힘을 쥐여 준 것이었다.

습관을 대하는 내 방식이 문제였다. 나는 충동이 나보다 힘이 세다고 믿음으로써 충동에게 나를 완전히 장악할 힘을 내주었다. 그러나 충동이 조건화된 생각으로 이루어진 일시적 경험이며, 내가 선택하지 않는 한 생각을 행동으로 옮기는 건 불가능한 일이라는 사실을 깨닫게 됐을 때 모든 것이 변했다. 그리고 습관도 곧 사라졌다.

내 습관은 비교적 빨리, 큰 노력 없이 사라졌지만, 그렇다고 그 후로 폭식에 대한 생각을 전혀 하지 않게 된 것은 아니다. 실제로 폭식의 유혹은 몇 번이고 나를 찾아왔다. 이 책에 담긴 여러 사례를 통해 알게 되겠지만, 나중에 찾아온 충동은 전성기를 구가하던 습관이 내 인생을 틀어쥐고 흔들던 그때와는 전혀 달랐다. 이후에 찾아온 생각은 질적으로도 달랐고, 묵살하기도 상대적으로 쉬웠다. 그 생각들을 충동이라고 느끼지도 않았는데 이 생각에는 강력한 충동이 동반하는 감정도, 물리적 증상도, 조급함도 없었기 때문이다. 게다가 전보다 덜 집요하기도 해서 생각이 행동으로 이어지는 일은 없었다.

이렇게 나쁜 습관을 극복한 뒤 나는 전체 코칭 훈련 일정의 절반을 할애해 사람들이 습관을 떨쳐내도록 돕는 일에 썼다. 지적 이해의 영역을 훨씬 넘어서는 진실을 깨우침으로써 폭식을 끊어낼 수 있었기 때문에 그 과정 중 무엇이 내게 도움이 되었는지 정확히 말로 설명할 수 있다고 장담할 수는 없다. 차라리 일련의 훈련이나 스킬을 통해 극적인 변화를 얻었더라면 정확히 어떤 요소가 도움이 되었는지 설명하기가 더 쉬웠으리라. 하지만 솔직히 말하자면, 합리적으로 설명할 수 없는 어떤 깨달음으로부터 변화는 시작되었다.

지금부터 당신이 읽게 될, 여러 장에 걸친 이야기들은 인간의 작동 원리에 대해 과거에 내가 보았고, 지금도 보고 있다고 믿는 진실을 당신도 볼 수 있게 도우려는 내 노력의 결과물이다. 습관과 관련된 신경과학 이론을 『폭식증을 이기는 뇌』를 통해 우연히 접한 이후, 나는 이를 모든 인간 경험의 기저를 이루는, 내 오랜 신념이기도 한 세 가지 원리 이론과 결합했고, 그 결과 뜻밖에도 과학과 정신의 결합이라는 재미있고 마법 같은 결과를 얻게 되었다. 그리고 이 결과물을 내 고객들, 그리고 이제 독자들과도 공유할 수 있게 되어 매우 기쁘다.

이 책에 관하여

지금부터 이어질 19개의 장에서 우리는 습관의 본질을 새로운 관점에서 바라볼 것이다. 각각의 관점은 저마다 엄청난 변화를 선사할 테지만, 19개의 관점을 함께 학습하면 그 효과는 더욱 커진다. 따라서 나는 당신에게 각 장을 이 책에 제시된 순서대로 읽어나가길 당부하고 싶다. 책을 모두 읽은 후에, 추가적인 통찰력이 필요하거나 내용을 다시 떠올리고 싶으면 언제든 책장을 훌훌 넘겨 원하는 장부터 시작해도 좋다.

이 책은 크게 세 부분으로 나뉘어 있다. 1부는 2부보다 두 배나 더 많은 분량을 차지하는데, 거기에는 그만한 이유가 있다. 앞서 언급했지만, 습관을 영원히 떨쳐내기 위해서는 행동에 앞서 이해가 필요하다.

우선 자신의 습관에 대해 깨닫고, 그 본질을 새로운 시각에서 볼 수 있어야 하는 것이다. 깨달음을 얻게 되면, 행동은 자연스럽게, 노력 없이도 따라온다. 이 책의 모든 장이 그렇지만 특히 1부는 당신이 습관의 본질을 깨우치도록 돕기 위해 고안되었다.

통찰력 있는 깨달음은 지적인 이해와는 다르다. 어떤 현상을 지적으로 이해했다는 말은, 그 현상의 작동 원리를 개념적으로 이해했다는 뜻이다. 그리고 지적으로 이해한 현상은 타인에게 논리적으로 설명할 수 있다. 하지만 지적인 이해가 늘 행동의 변화로 이어지는 건 아니다.

통찰력 있는 깨달음을 얻게 되면, 어떤 목소리가 우리를 도와 노력 없이도 스스로 변화할 수 있게 해준다. 통찰력은 지적 이해의 여부와 관계없이 얻을 수 있다. 그 목소리가 마음 깊은 곳에 와 닿으면, 달리 결심 없이도 기분과 행동이 절로 변하는 걸 알 수 있다. 그게 통찰력의 힘이다.

이 책에 담긴 정보는 통찰력을 얻어야만 비로소 제 쓰임을 한다. 그래서 앞부분의 내용은 건너뛰고 2부부터 읽고 싶은 마음은 이해하지만, 인내심을 가지기를 당부하고 싶다. 초반 몇 장을 통해 쌓이기 시작하는 깊은 이해와 통찰력이 이 책의 핵심이다.

이 책은 나쁜 습관을 끝내는 것, 그 이상을 목표로 한다. 처음에는 이 책이 그저 행동과 생각, 즉 행동 습관이나 생각 습관을 다룬 책이라고만 생각하기 쉽다. 솔직히 말하면 그렇게 이해하는 편이 좋다. 이 책을 집어 든 이유가 습관을 떨쳐내는 데 있기 때문에, 제일 중요한 걸 먼저 해결하는 게 좋으니까. 하지만 나는 당신이 이 책을 통해 자신이 가진 습관의 진실을 볼 수 있게 되길 바란다. 즉, 습관은 그저 하나의 생각을 기반으로 한다는 진실과, 그 생각은 순간적이고, 일시적이며, 본질적으로 의미 없는 것이라는 사실, 습관은 뇌 활동이 반영된 현상이지만, 그것이 '나'를 반영하는 것은 아니라는 진실 말이다.

이 진실은 모든 삶에 공통적으로 적용된다. 이 책의 마지막 장을 넘길 때쯤이면 당신은 습관으로부터 좀 더 자유로울 수 있을 것이다. 그러나 나는 당신이 거기서 그치지 않고 삶의 전반에서 지금보다 더 큰 자유를 얻기를, 더 깊은 목적의식을 갖게 되기를 바란다.

정말로 나쁜 습관을 고치고 싶은가?

이 책에서 다룬 원리들을 최대한 활용하기 위해서는, 나쁜 습관을 끝내고자 하는 의지가 중요하다. 어떤 사람들은 아직 변할 준비가 되어 있지 않다. 습관이 건강을 심각하게 위협하고 있는데도 일에 대한 집착에서 벗어나지 못하는 워커홀릭에게, 일은 애증의 대상이다. 매주 쇼핑하는 습관이 문제라고 생각하지 않는 어떤 여성은, 자신이 변하기를 바라는 남편을 이해할 수 없다. 이처럼 습관을 끊어내겠다는 의지가 크지 않은 사람들의 경우에는, 변화를 위한 준비를 마친 사람들 만큼의 통찰력을 얻지 못할 수도 있다.

하지만 당신이 진심으로 변화를 원하고, 그 변화가 지속되길 바라며, 엄청난 노력 없이도 변화하고 싶다면, 이 책은 당신이 원하는 답을 줄 것이다. 변화의 과정이 겁이 난다거나 꺼려진다고 해도 괜찮다. 심지어 회의적인 생각이 든다거나, 스스로 변할 수 없을 거라는 의심이 들어도 괜찮다. 변화를 원하는 마음만 진심이라면, 그리고 이 책에 담긴 정보를 열린 마음, 열린 생각으로 받아들일 수 있다면, 습관에 영원히 종지부를 찍도록 도와줄 아이디어들을 습득할 준비를 완벽히 마친 셈이다.

준비가 되었는가? 자, 그럼 뛰어들어보자.

어쩌다가 나쁜 습관을 갖게 되었나?

1장

습관은 정신건강을 말해준다

우리는 우울한 감정을 떨치기 위해 무슨 일이든 하려 든다. 다시 좋은 기분으로 되돌아가기 위해서다. 본능적인 행동인데, 말하자면 '번영을 향한 회귀 본능'이라고 할 수 있다.

우리는 본래 건강하고, 행복하며, 평화로운 사람이다. 기분을 개선하고자 하는 열망을 '정상궤도로 돌아가고 싶다'거나 '다시 회복할 것'이라거나, '나다운 모습을 되찾으려 한다'라고 묘사하는 것도 같은 이유에서다. 현재 처한 상황이 어떠하든, 모든 인간은 본래 정신적 건강과 만족감을 가지고, 그리고 파괴적인 습관으로부터 자유로운 상태로 태어난다.

마음의 평화를 방해하는 유일한 한 가지는 바로 '생각'이다. 어느 때고 머릿속을 헤집고 들어와 멘탈 스크린을 유영하는 생각 말이다. 움직이고, 변화하고, 증발하는 이 생각은 그러나 우리의 타고난 건강과 명확성을 훼손하지는 못한다. 그저 그렇게 보이는 것일 뿐. 구름이 태양을 가릴 수는 있어도 태양에 영향을 미치지는 못하는 법이다.

진실을 제대로 알지 못할 때 우리는 생각이라는 구름에 갇히기 쉽다. 그러나 습관적으로 잠깐 오가는 생각을 한 겹만 걷어내면 습관으로부터 벗어나 자유와 행복을 찾을 수 있다. 그 사실을 깨닫지 못한 채 머리로만 삶을 살아가다 보면 언젠가 길을 잃은 것 같은 기분을 느끼게 되는 건 당연한 일이다.

하지만 안심해도 좋다. 당신은 단 한 번도 진정으로 길을 잃은 적이 없으니. 사실 그건 불가능한 일이다. 생각과 습관, 행동이 절대로 범할 수 없는 건강하고 행복한 당신의 진짜 모습은 언제나 온전한 모습 그대로 당신을 기다리고 있다.

스스로에게 최선을 다할 뿐인데

삶의 순간순간마다 우리는 눈앞에 보이는 선택지 중 최선을 택한다. 문제는 상황에 대한 자의적 해석을 기반으로 내린 최선의 선택이 매번 스스로에게 궁극적으로 도움이 되는 건 아니라는 데 있다.

내면의 무언가가 행복을 간절히 바라지만, 우리가 늘 행복을 얻는 방법을 아는 건 아니다. 그때 나쁜 습관, 파괴적인 행동, 그리고 중독이 슬그머니 영역을 넓힌다. 명상, 거품목욕, 자전거 타기, 큰 소리로 말하기, 조용히 시간 보내기, 낮잠 자기, 아이스크림 먹기 등 기분을 개선하기 위해 흔히들 시도하는 온갖 방법들이 사용되는 시기이기도 하다. 활용할 선택지는 기분에 따라 달라진다. 다시 말해, 무엇이든 기분 개선을 위한 방법으로 활용될 수 있다는 얘기다.

중독 치료에 관한 유명한 말이 있다. "당신의 최선이 당신을 이곳으로 데리고 왔다. 당신이 한 모든 일은 당신의 마음상태에서 내릴 수 있었던 최선의 결정이었다."

우리는 자신이 무엇을 보지 못하는지 알 수 없다. 더 나은 선택지, 기분을 개선할 수 있는 더 나은 방법을 알지 못하면, 그저 할 수 있는 행동을 하는 수밖에 없는 것이다. 도박이 그 답이라면 도박을 할 테고, 일에 집착하거나 쇼핑을 하는 게 답이라면 일을 하거나 쇼핑을 할 것이다. 사람들은 때때로 지금 당장의 우울감을 떨치기 위해 스스로를 상처 입히고, 그게 유일한 선택지라고 느끼면 심지어 목숨을 끊기까지 한다.

돌아보면 수도 없이 해로운 행동을 일삼으면서도, 나는 그 행동이 기분 개선을 위한 일이라고 믿었다. 만일 그 행동들의 실체를 알았다면 절대 시도하지 않았을 것이다. 수년 전 수시로 몸속에 니코틴을 빨아

넣던 시절에는 담배에 불을 붙이는 게 최선의 선택이라고 믿었다.

물론 담배가 해롭다는 건 알고 있었다. 하지만 담배를 끊는 건 너무 어렵고, 고통스러우며, 그 자체로 나를 파괴하는 일이라는 생각 때문에 끊지 않았다. 장기적으로 봤을 때 담배가 최선의 선택이 아니라는 걸 알았지만, 당시 머릿속을 가득 채운 생각들이 계속해서 손에 라이터를 쥐게 만들었다. 그러다가 어느 순간 그 생각들이 멈추고 마침내 생각이 달라졌을 때, 그 순간의 최선의 판단에 따라 담배를 끊었다.

우리가 떨쳐내고 싶은 그 습관들은 자신의 눈에도, 그리고 주변 사람들의 눈에도 정신 나간 행동으로 보일지 모른다. 하지만 습관은 기분 전환이 간절할 때 우리가 택할 수 있었던 최선이었다. 우리의 최선이 우리를 이곳으로 데리고 왔다. 따라서 관점이 바뀌면 행동도 바뀔 수 있다.

토드의 원나잇 스탠드 이야기

파괴적인 습관을 반복하는 것과 자해는 다르다. 파괴적인 습관을 가진 사람이라 해도 머리로는 습관이 자신에게 해롭다는 것을 이해하고, 때로는 왜 그와 같은 습관이 발목을 잡는지 몰라 대단히 혼란스러워 한다. 한 가지 확실한 건 습관적 행동에는 스스로를 해치기 위한 의도가 없다는 사실이다.

종종 자해처럼 보이는 행동들이 실제로는 자기애가 잘못된 방식으로 표출된 것일 뿐일 때가 많다. 습관은 자기애와 행복을 향한 간절한 열망에서 비롯된 행동으로, 순간의 기분 전환을 위해 자신이 할 수 있었던 최선을 다한 결과물인 것이다.

자존감이 낮아서 혹은 '쉽게 중독되는' 사람이어서 습관적 행동을 하는 게 아니다. 습관적으로 찾아오는 생각이 왠지 순순히 지나갈 것 같지 않은 기분이 들어 그 생각에 사로잡혀버리고 마는 것이다. 우리는 습관을 실제보다 훨씬 더 크게 생각하며, 습관이 자신에 대한 무언가를 암시한다고 믿는다. 하지만 그건 사실이 아니다.

토드에게는 좋지 않은 습관이 있었다. 온라인으로 여성을 만나 이른바 원나잇 스탠드를 하는 습관이었다. 그는 처음으로 온라인을 통해 만난 여성과 함께 밤을 보냈을 때 짜릿함을 느꼈다고 말했다. 스릴 넘쳤고, 그동안 '관계'에 대해 쌓아온 그의 믿음과는 반대되는, 금기에 가까운 행동이었는데 덕분에 오히려 짜릿함이 컸다.

토드는 이 같은 행동을 반복할 때마다 매번 동일한 수준의 짜릿함을 느꼈고, 머지않아 이 행동은 기분 전환을 하고 싶을 때마다 활용할 수 있는 간단하고 편리한 해결책으로 자리 잡게 되었다. 당시에 그가 이와 같은 행동을 '해결책'이라고 의식하고 있었던 것은 아니지만, 어쨌든 습관은 고통스러운 생각과 기분을 빠르게 해소해주는 해결사 역할을 했다.

자신의 습관을 제3자의 눈으로 들여다볼 수 있는 사람은 드물다. 그건 토드도 마찬가지였다. 토드는 지금 우리가 그의 상황에 대해 이해하듯 스스로의 상황을 명확히 들여다볼 수 없었기 때문에, 자신의 습관에 대해 혼란을 느꼈다. 습관을 반복할 때마다 정신적으로, 감정적으로, 그리고 육체적으로 즐거웠다는 사실을 부인할 수는 없었다. 하지만 그는 자신의 행동에 엄청난 죄책감을 느꼈다.

토드는 자신이 일종의 자아상 구축 관련 문제를 겪고 있다고 생각했다. 그렇지 않고서야 스스로를 그토록 우울하게 하고 죄책감을 주는 행동을 계속할 이유가 없어 보였다. 또한 그는 자신이 중독에 취약한 사람이라서 그와 같은 행동을 반복하는 건 아닐까 의심했다. 의심의 근거로 삼을 만한 일이라면, 대학 때 마리화나를 피운 적이 있었다. 그는 또한 긴장을 풀기 위해 술을 자주 마셨다. 거기에 이 습관이 더해진 것이다. 토드는 자신의 습관을 심각하게 생각했고, 이 습관이 결국 큰 문제로 이어질 거라고 생각했다.

토드가 문제의 본질을 어떻게 오해하게 되었는지는 쉽게 알 수 있다. 그가 인기 토크쇼에서, 자기계발서에서, 심지어 대학의 심리학 강좌에서도 자존감 문제, 중독에 취약한 성향, 자해에 대한 이론을 수없이 접했기 때문이다.

하지만 토드의 행동을 훨씬 쉽게 설명할 방법은 따로 있다. 처음 원나잇 스탠드를 하던 날 토드는 우연히 손쉬운 기분 전환 방법을 발견한 것이다. 두 번째로 같은 행동을 했을 때도 그에게는 자해를 하려거나, 자신의 고통을 증대시키려는 목적은 전혀 없었다. 원나잇 스탠드는 그가 자신의 다소 왜곡된, 제한적인 시야 안에서 발견한 최고의 고통 해소법이었던 것이다.

우울증 환자의 경우 하루 종일 침대에 누워서, 중독자의 경우 약물을 사용함으로써, 불안증 환자의 경우 다른 사람들을 함부로 대함으로써 기분 전환을 꾀한다. 그러나 장기적으로 이와 같은 행동은 더 큰 고통을 유발할 뿐이다. 하지만 계속해서 이와 같이 해로운 행동을 반복한다고 해도, 우리에게 회복력과 행복을 추구할 힘이 내재되어 있다는 사실을 부인할 수는 없다. 시간이 지나 자연스럽게 마음상태가 변하면, 그때가 오면, 자신에게 더 나은 방식을 볼 수 있게 될 것이다.

습관은 지금 기분이 좋지 않음을 보여주는 유용한 지표다. 그런데 이 놀라운 생각의 힘을 자신에게 좋은 쪽으로 활용하는 대신 스스로를 해하는 데 활용하고 있는 것이다. 그럴 땐 그저 한 걸음 물러서서 자연스럽고 평온한 마음상태가 되돌아오길 기다리면 된다.

모든 인간은 행복이라는 보금자리에서 태어났다. 그래서 당연하게도 우리는 회귀 본능에 따라 늘 행복을 되찾기 위해 투쟁한다.

2장

지혜가 이끄는 길을 따라가라

삶 저 너머에 지혜가 존재한다. 우리는 자신보다 큰 어떤 존재로부터 힘을 얻는다. 저마다 그 존재에 다른 이름을 붙이고 다양한 방식으로 찬양하지만, 우리가 가진 배경과 문화, 종교의 유무와 상관없이 대부분의 사람들이 동의할 한 가지는 다음과 같다. 나무를 자라게 하고, 행성을 자전하게 하며, 배아를 통통한 아기로 성장하게 하는 일에는 인간이 범접할 수 없는 힘이 작용한다는 것이다. 그와 같은 일을 가능하게 하는 건 분명 인간의 행동이나 지능이 아니다.

따라서 '영적 에너지', '생명력', '우주적 사고', '지혜', '신' 등의 이름을 부여받은 이 위대하고 신비한 존재는 크게 칭송 받아 마땅하다. 그러나 아무리 노력해도 이 존재로부터 분리될 수 없음에도, 우리는 구태여 그 존재를 찬양하려 들지 않는다. 그토록 훌륭하고 신비로운 존재라면, 마땅히 그만한 존재감을 드러내 보일 것이라고 기대하기 때문이다. 우리는 이렇게 말한다. "내면의 지혜를 깨우치는 순간이 오면 분명 그 순간을 눈치 챌 수 있을 거야. 그때부터 내 인생은 더없이 행복해지겠지."

마치 머릿속에서 번개가 번쩍 내리치듯 깨달음의 순간이 찾아올 것만 같다. 그리고 아주 가끔은 그런 일도 벌어진다. 하지만 대개 지혜는 대단히 단순하고 평범한 모습으로 찾아오기 때문에, 대부분은 그 순간을 눈치조차 채지 못한다. 지혜는 기적이 아니라 상식의 모습으로 찾아온다. 하지만 따지고 보면 상식도 기적에 가깝다. 그렇지 않은가? 우리가 아는 수백만 가지의 사사로운 일들을 '그냥 알게 되었다'는 사실이 기적처럼 느껴진 적은 없는가? 이 상식은 어디에서 온 것일까? 배울 필요도, 애써 만들거나 창조할 필요도 없는 상식은 그냥 그곳에서 우리를 기다리고 있다.

진정한 나의 모습

삶의 모든 요소에 힘을 부여하는 무형의 지식, 그게 바로 우리 자신의 핵심이다. 생각, 감정, 행동, 습관의 기저에 자리한 건강과 행복이 진정한 우리의 본성이다. 모든 생명체가 타고나는 불변의, 근본적인 본질은 사랑, 지혜, 행복이다. 명확성, 마음의 평화, 습관으로부터의 자유와 '나'는 동의어다. 우리에게서 이와 같은 본질을 바꾸거나 빼앗는 건 불가능한 일이다.

이것들은 우리의 진정한, 내재된 본성이다. 그러나 이와 같은 본성을 늘 경험할 수 있는 건 아니다. 때로 우리는 마음의 평화와 정반대되는 기분을, 혼란과 지혜의 부족을 경험한다. 습관적 행동에 빠져 있을 땐 행복, 사랑, 지혜가 존재하기는 하는지 의심스러울 때도 있다.

우리가 타고난 본질과 일체감을 느끼지 못할 때 머릿속 생각들이 경험으로 발현된다. 때때로 생각은 우리를 혼란스럽게도, 어떤 것에 집착하게도 하지만, 그 혼란과 집착은 생각이 만들어낸 순간적인 경험일 뿐 우리 자신의 본질을 훼손하지는 못한다.

지금쯤이면 깨달았을 테지만, 습관 역시 생각의 창조물이다. 머릿속에 떠오른 생각을 진실로 여길 때, 습관은 그 생각을 토대로 지어지고, 경험으로 발현된다.

우리는 본질적으로 습관으로부터 자유로운 사람이며, 습관적 행동은 그저 우리의 머릿속이 생각으로 가득 찼다는 사실에 불과하기 때문에, 머릿속을 어지럽히던 생각들이 가라앉으면 우리는 이내 자연스러운, 습관으로부터 자유로운 상태로 돌아가게 된다. 생각은 언젠가는 느려지고 맑아지게 되어 있으며, 그때가 되면 우리는 타고난 상태, 즉 습관으로부터 자유로운 상태로 되돌아가게 된다.

생각을 스노우글로브에 비교해보자. 스노우글로브에는 원래의 상태로 되돌아가려는 자기 교정 성질이 있다. 스노우글로브를 쥐고 흔들면 하얀 눈이 동그란 유리구슬 안을 온통 날아다니지만, 눈을 가라앉히고 싶을 땐 그냥 흔들던 손을 멈추기만 하면 된다. 스노우글로브를 가만히 두면, 유리구슬 안의 눈은 저절로 가라앉는다.

생각도 마찬가지다. 생각에 몰두하거나, 감정적으로 대응하거나, 부인하거나, 저항하거나, 아예 생각이 이끄는 대로 행동함으로써 생각에 힘을 부여하는 대신, 생각에 관여하지 않으면 생각은 저절로 차분해진다. 그러면 언제나 그곳에서 우리를 기다리던 마음의 평화와 명확성을 다시 만날 수 있다.

지구상의 모든 인간은 생각이 안정될 때 더욱 침착하고 현명해진다. 마찬가지로 마음의 평화를 느낄 때마다, 생각 역시 상대적으로 차분해진다. 반대로 불안과 충동, 알 수 없는 불편을 느낄 때, 생각은 금세 힘을 얻는다.

삶의 매 순간 생각은 그 모습을 바꾼다. 머릿속이 복잡할수록 습관은 더욱 강력하게 느껴지고, 생각이 줄어들수록 습관의 힘이 약해지는 걸 느낀다. 물론 습관이 수년간 사라져버릴 수도 있다는 뜻은 아니다. 다만 습관은 순간순간을 기점으로 행동으로 옮겨 마땅한 것처럼 느꺼지기도, 그렇지 않기도 하다. 습관의 지배력을 결정짓는 유일한 요소는 생각이 우리의 머릿속을 얼마큼이나 채웠는가이다. 머릿속이 복잡할수록 우리가 사념, 생각, 의견, 판단에 갇혀 지내는 시간이 잦아진다. 반대로 머리를 비울수록 자신의 본질로 되돌아갈 수 있는 시간이 잦아진다.

설명하다 보니 마치 우리에게 달성해야 할 목표가 있는 것처럼, '생각을 활성화하지 말고 느리게 유지해!'라는 메시지를 전하고 싶은 것처럼 들릴 수도 있겠다. 하지만 우리는 본질적으로 침착하고, 차분한 사람이기 때문에 노력을 통해 그와 같은 상태를 유도할 필요는 없다. 우리의 생각은 가끔, 우리가 자신의 본성에 대해 잘 이해하고 있다면 그보다 더 자주, 저절로 차분해진다. 우리에게 주어진 유일한 '역할'이 있다면, 그 원리를 이해하는 것뿐이다. 모든 사람에게 예외 없이 동일한 원리가 적용된다는 사실을 볼 수 있게 되면, 즐거운 기분을 더욱 감사하게, 우울한 기분을 더욱 품위 있게 맞이할 수 있다. 머릿속이 뒤죽박죽일 때 생각을 정리하기 위해 더욱 골몰하거나 그 과정에서 자기도 모르는 사이에 더 큰 혼란을 만들어내는 대신, 생각이 가라앉기를 기다릴 수 있게 된다.

지혜는 언제나 우리와 함께한다. 생각이 차분할 때도, 수많은 생각들로 머릿속이 복잡할 때도 언제나 지혜는 그곳에서 우리를 기다린다. 다만 머릿속이 차분할 때 지혜의 존재를 깨닫기가 더 쉬울 뿐이다.

니콜의 난폭운전 이야기

충동이 찾아오고 머릿속이 빠르고 정신없는 생각으로 가득 찼다면, 그건 중요한 결정을 내리기에 좋은 상태가 아니라는 명확한 신호다. 기분이 좋아졌을 때, 생각이 느려지고 자신감이 생겼을 때 더욱 신뢰할 만한 결정을 내릴 수 있다. 차분하고 상대적으로 평화로울 때 드는 생각은 불안하고 우울할 때 드는 생각보다 훨씬 신뢰할 만하다.

니콜은 운전대를 잡을 때면 종종 인내심을 잃곤 했는데, 상태가 점점 심각해지더니 난폭운전을 일삼을 정도가 되었다. 꼬리에 꼬리를 무는 교통체증으로 악명 높은 로스앤젤레스의 도로 위에서 매일 45분에 걸쳐 통근을 하며 니콜은 혈압이 오르고 스트레스가 치솟는 걸 느꼈다.

출퇴근길에 받은 스트레스는 온종일 영향을 미쳤다. 화가 난 채로 직장에 도착해서는 효율적인 업무 처리가 가능할 리 없었다. 그리고 동료들 역시 언제나 화가 나 있는 니콜의 모습을 좋아하지 않았다. 기분이 나아지기 시작할 때 즈음이면 어느새 퇴근시간이었고, 집에 가려면 운전을 해야 했다. 또다시 교통체증을 뚫고 집으로 돌아오면 보통 직장에 도착했을 때와 같은 잔뜩 언짢은 기분으로 남자친구에게 인사를 했다.

그러다 어느 날부터가 집에 도착하자마자 와인을 한두 잔 마시기 시작했는데, 그렇게 하면 그녀의 스트레스가 남자친구의 저녁까지 망치기 전에 기분을 풀 수 있었다. 와인을 마시면 스트레스가 풀리긴 했지만, 니콜은 혹시 이것이 언젠가는 떨쳐내야 하는 또 다른 원치 않는 습관의 시작은 아닌지 걱정스러웠다.

이 책에서 제시한 원리들에 익숙해졌을 때 니콜은 자신이 본질적으로 지혜로 가득한 사람이라는 사실을 볼 수 있게 되었다. 그녀는 매일 생각이 자연스럽게 느려지는 순간들은 알아차릴 수 있게 되었고, 그때마다 기분이 좋았다는 걸 깨달았다. 하지만 그 좋은 기분은 니콜이 어떤 행동을 취했기 때문에 얻은 결과물은 아니었다. 물론 운전하지 않을 때, 혹은 좋아하는 활동을 할 때 상대적으로 마음이 편하긴 했어도, 그게 그 '좋은 기분'의 직접적인 원인은 아니었다는 뜻이다. 니콜의 기분이 좋아진 이유는 그 순간에 그녀의 머릿속이 절망이나 조급함으로 차 있지 않았기 때문이다. 니콜의 생각이 달음박질을 멈추면서, 생각 밑에 깔려 있던 내재된 행복과 지혜를 더 많이 경험할 수 있게 된 것이다.

스스로 '난폭운전 모드'라고 이름 붙인 상태를 경험할 때를 비롯해 기분이 좋지 않을 때 니콜의 머릿속은 마치 스노우글로브를 세게 흔들어놓은 것처럼 생각으로 가득 찼다. 그럴 때면 내면의 지혜에서 답을 찾는 대신 니콜은 조급함이라는 벽돌로 쌓아 올린 단단한 벽 앞에 섰다.

니콜에게는 이 같은 현상을 볼 수 있게 된 것 자체가 큰 도움이 되었다. 그와 같은 깨달음을 얻는 과정에서, 자신의 생각과 감정이 어떤 방식으로 작동하는지 보는 것 외에 니콜이 해야 할 일은 아무것도 없었다. 니콜은 난폭운전을 하고 싶은 충동이, 그리고 그 분노를 와인 두 잔으로 잠재우고 싶은 충동이 자신의 머릿속이 무겁고 바쁜 생각으로 가득 차 있음을 보여주는 신호라는 사실을 알게 되었다. 그녀가 그동안 취했던 행동은, 이 같은 마음 상태에서 택할 수 있는 최선의 기분 전환 방법이었던 것이다.

평화는 그녀의 타고난 본성이었으므로, 니콜의 생각은 그녀를 다시 제자리로 돌려놓을 터였다. 흩어진 눈이 가라앉기를 기다리는 것 외에 스노우글로브가 달리 해야 할 일이 없듯이, 태풍이 지나가고 파도가 잔잔해지기를 기다리는 것 외에 바다가 달리 해야 할 일이 없듯이, 마음의 평화가 다시 찾아오기를 기다리는 것 외에 니콜이 달리 해야 할 일은 없었다. 그녀는 모든 생명체를 움직이는 바로 그 힘을 원천으로 삼는, 언제나 변화하는 드넓은 우주적 본질의 일부였다. 일시적으로 찾아오는 조급한 생각이 느려지고 나면, 조용한 곳, 내재된 지혜의 목소리를 더욱 명확하게 들을 수 있는 곳으로 언제나 다시 돌아갈 수 있었다.

니콜은 자신의 지혜에 귀를 기울였다. 그녀의 삶에 더 이상 난폭운전이 낄 자리가 없어졌을 때, 니콜은 자신이 본질적으로 습관이나 난폭운전으로부터 자유로운 사람이라는 사실을 의심 없이 받아들였다. 수 없이 많은 방식으로 표출된 지혜는 니콜이 그녀의 진정한 자아를 더욱 깊이 들여다볼 수 있게 해주었다. 그 평화의 시간 동안 스스로의 내면을 들여다보며 깨닫게 된 사실들에 대해 내가 묻자 니콜은 부끄러운 듯 미소 지었다. 그녀는 이렇게 고백했다.

"그렇게 대단한 건 아니었어요. 하지만 당시에는 그 깨달음이 제 인생을 바꾸어놓았죠. 너무 자연스럽게 스며든 나머지 마치 원래 알고 있었던 사실처럼 느껴졌달까요? 어느 날엔가 출근길에 조금씩 짜증이 일기 시작했어요. 그런데 별안간 대학 때 즐겨 듣던 오래된 CD가 차에 있다는 사실이 생각났죠. 그 음반을 마지막으로 들은 게 한참 전이었는데, 다시 음악을 듣다 보니 교통체증은 더 이상 신경 쓰이지 않고 오히려 행복한 기분이 들었어요. 그날 사무실로 걸어 들어가던 순간이 기억나요. 그렇게 기분 좋았던 것도 참 오랜만이었죠."

그녀는 이렇게 덧붙였다.

"그리고 난데없이 와인 생각이 간절해지는 날도 있었어요. 자주 그랬죠. 그러면 일단 와인병을 손에 들고 생각해요. '와인은 해결책이 아니야. 마음의 평화가 답이지.' 선생님과 나눈 대화를 곱씹어볼 때도 있었어요. 그러고 나면 와인에 대한 생각을 재고할 만한 심적 여유가 생기죠. 그때

원하면 언제든 다른 생각들을 묵살하듯 그 충동도 묵살할 수 있다는 사실을 깨닫게 돼요.

어느 날 내가 느낀 절망감을 말투에 그대로 실어 동료에게 쏘아붙인 적이 있어요. 그런데 마치 시간이 1초쯤 멈추는 듯하더니 '내가 지금 머릿속에 떠오른 대로 행동하고 있구나' 하는 깨달음이 왔죠. 분명 동료나 상황 탓이 아니었어요. 생각 탓이었지. 이젠 입을 열기 전에 생각을 정리할 수 있도록 상황에서 잠시 한 걸음 떨어져 있을 수도 있게 되었답니다.

털어놓기엔 너무 사소한 것들이라 부끄럽지만, 저에게는 엄청난 변화를 만들어준 일들이었어요. 지혜가 얼마나 가까이 있는지를 정말로 알게 되었죠. 내면을 들여다보고 귀를 기울이기만 하면 될 정도니까요."

모든 인간은 지혜로 가득 차 있다. 그게 바로 우리의 진정한 모습이며, 우리 모두는 그렇게 만들어졌다. 지혜는 습관이라는 혼란스러운 껍질 한 꺼풀 밑에서 언제나 우리를 기다리고 있다.

습관의 표면에서 일렁이는 혼돈은 실제보다 훨씬 힘이 세 보이지만 사실은 스쳐 지나가는 생각에 불과하다. 그 혼돈이 가라앉고 나면 내면에서 울리는 지혜의 목소리를 들을 수 있다. 귀를 기울이자. 내면을 들여다보자. 지혜는 외부에서 찾을 수 있는 것이 아니다. 나를 포함한 어떤 전문가의 말도 당신 내면에 자리한 지혜에 대신 빛을 비춰줄 수는 없다.

이 책의 목표는 단 하나, 당신에게 올바른 방향을 제시하는 것뿐이다. 이미 자신 안에 내재된 지혜에 눈 뜰 수 있게, 그래서 그 지혜를 길잡이로 삼을 수 있게 돕고 싶다. 내면의 목소리와 지혜를 따르면 따를수록, 혼란스러운 생각을 기반으로 한, 한 꺼풀의 껍질에 불과한 습관으로부터 멀어질 수 있다.

3장

습관 앞에 속수무책이 되는 이유

당신이 과거의 나와 같다면 습관적 행동을 하게 될 때마다 대체로 무력감을 느낄 것이다. 마치 온 우주가 중력을 동원해 습관을 반복하도록 당신을 끌어당기는 듯한 기분, 그런 충동을 느껴본 일이 있는가? 그런 충동이 찾아오면 굴복은 시간문제라는 생각이 엄습해온다.

결국 충동에 굴복하게 되었다 하더라도, 당신은 기꺼이 패배를 인정하지는 않는다. '그래 충동아, 오늘도 네가 이겼다'고 인정한 뒤 체념했다는 듯 손을 놓는 게 아니라 맞서 싸워도 보고, 발로 차고, 소리도 질러보다가 후회, 분노를 가득 안은 채 마지못해 굴복하는 것이다. 그러고 나면 수치심이 밀려든다.

습관에 굴복해 무력해진 기분이 좋을 리 없다. 하지만 그보다 더 끔찍한 게 있다. 누구보다도 그 상황에 대해 당신이 더 잘 안다는 사실을 인정하는 것. 당신은 똑똑하고, 논리적이며, 기지가 풍부한 사람이다. 무엇보다도, 당신은 현명하다. 이보다 더 나은 삶을 살 수 있다는 사실을 마음속으로는 알고 있다.

사실은 더 나은 선택지가 주어져 있지만, 당신에게는 그 선택지가 보이지 않는다. 똑똑하고 기지가 넘치는 당신은, 분명 습관을 떨쳐낼 수 있다는 사실을 알지만, 아직 그 방법을 찾아내지 못했다. 여전히 습관을 떨쳐내는 일은 다른 진실에 눈을 뜨면 자연스럽게 깨우쳐지는 일이 아니라, 배움이 필요한 일처럼 보인다.

이 짜증나는 습관에 무기력함과 패배감을 느끼는 동안에도, 당신은 분명 다른 길이 있다는 걸 안다. 습관이 엄청난 힘으로 자신을 끌어당기고 있음을 느끼는 동시에 그 습관을 반복하지 않으려는 엄청난 힘이 자신을 끌어당기고 있다는 것도 느낀다.

"이 따위 것 끊어버릴 수 있어. 암, 물론이지!" 하는 용기의 순간과 "내가 뭘 하고 있는 거지? 왜 이런 일에 발목 잡힌 거야?" 하는 부정의 순간, "내가 그렇지 뭐" 하는 무기력의 순간들로 이루어진 사이클을 지나며 당신은 갈팡질팡하는 생각 속에 갇힌다.

재키의 끝없는 사랑 확인 이야기

재키는 남자친구 리안의 마음을 계속해서 확인받아야 안심이 됐다. 불안이 밀려올 때마다 리안에게 위로받고 싶다는 강력한 충동이 생겼다. 충동에 굴복한 재키는 곧바로 리안에게 달려가 그가 자신을 얼마나 많이 사랑하는지, 그 마음이 얼마나 진심인지를 물었다. 예상했겠지만 재키의 그런 행동이 리안의 눈에 매력적으로 보일 리 없었고, 둘 사이의 관계도 곧 삐걱거리기 시작했다.

무엇보다도 재키를 좌절하게 한 건 재키 자신이 그 문제를 누구보다 잘 알고 있었다는 점이다. 그녀는 리안이 자신을 사랑한다는 사실을 알고 있었고, 자신의 습관 때문에 생긴 문제를 제외하면 그들의 관계가 견고하다는 사실 역시 알고 있었다. 기분이 좋을 땐 재키도 자신이 불안해할 이유가 없다는 사실을 충분히 알았다. 하지만 리안에게서 사랑을 확인받고 싶은 충동이 덮치면 그 충동 앞에 속수무책으로 무너져버렸다. 사랑의 맹세가 간절하다는 생각 외에는 아무 생각도 들지 않았다. 그 간절함은 재키를 굉장히 불쾌하게 만들었고, 그래서 충동이 생길 때마다 매번 그녀는 그 충동에 굴복했다.

가끔 우리는 충동을 의식적으로 억누르는 데 성공한다. 갑자기 동기와 의지력, 집중력이 솟구치면 충동에 맞서 싸워 이길 수도 있다. 재키도 가끔은 리안에게 전화하거나 문자메시지를 보내고 싶은 충동을 의지력으로 떨쳐버린 적도, 온 힘을 다해 참아낸 적도 있다. 의지력이 남아 있을 땐 자신의 행동이 그들의 관계를 해친다는 사실을 스스로에게 상기시키려고 노력했다.

가끔은 이 같은 노력으로 충동을 이겨낼 수 있었지만, 보통은 아니었다. 저항, 원칙, 의지로는 충분하지 않았다. 사실 저항해서, 원칙을 지켜서, 의지력을 발휘해서 될 일이었다면, 당신 역시 진즉에 습관에서 벗어났을 것이다.

그렇다면 대체 우리는 왜 계속해서 충동에 굴복하는 걸까? 자신의 행동이 리안과의 관계를 악화시킨다는 사실을 알면서도, 자신의 불안이 거짓된 논리를 근거로 하고 있다는 사실을 알면서도 재키는 대체 왜 충동을 이기지 못했을까?

우리가 충동에 굴복하는 이유는, 충동이 유발한 긴장을 끝내는 유일한 방법이 그것뿐이라고 생각하기 때문이다. 그 순간엔 포기하는 것 외에 다른 방법은 보이지 않는다.

뇌와 우주적 사고

습관은 우리가 마치 이중인격자라도 된 듯 느끼게 한다. 어떤 면에서는 그게 틀린 말은 아니다.

뇌는 놀랍도록 정교한 기계에 비유할 수 있다. 뇌는 우주적 사고에 의해 창조되고 작동되는, 물리적 실체를 가진 기계다. 여러 부품들이 뇌를 구성하고 있으며, 각각의 부품은 저마다 고유한 기능을 가진다. 하지만 더 단순하게 생각하면 뇌를 하부 뇌와 상부 뇌, 이렇게 두 부분으로 나눌 수 있다.

신경학적으로 설명하자면 습관은 하부 뇌에 산다. 하부 뇌는 가장 오래된, 가장 원시적인 뇌 영역이다. 너무나 오래되고 너무나 원시적이어서 대부분의 파충류는 물론, 구조가 비교적 정교하지 않은 동물들에게도 하부 뇌가 있다. 덕분에 하부 뇌는 종종 '파충류의 뇌Reptilian Brain' 혹은 '몸속 도마뱀Inner Lizard'이라고 불린다(나는 두 번째 별명을 더 좋아한다).

하부 뇌는 습관적이며 지능이 낮다. 논리를 분석하는 일이나, 조금이라도 고차원의 추론은 해내지 못한다. 하부 뇌의 기능은 패턴을 기억했다가 그에 따라 행동하는 것이다. 그래서 하부 뇌는 일차원적인 패턴 제조 기계라고도 볼 수 있다. 하부 뇌는 또한 투쟁-도피 반응이 일어나는 영역이기도 하며, 기본적인 생리적 기능을 유지하고 생존을 보장하는 역할도 한다. 하부 뇌는 또한 음식, 물, 산소를 포함해 생존에 필수적인 모든 것에 대한 욕구를 생성한다.

몸에 밴 습관이 있다면, 그건 하부 뇌가 습관이 마치 생존에 필수 요소인 것처럼 행동하기 때문이다. 하부 뇌는 습관 대부분을 목숨이 달린 일처럼 취급한다. 같은 이유에서 하부 뇌는 습관에 포함된 행동과 생각, 또는 물질 등을 지속하기 위해 강력한 충동을 생성한다. 재키가 머리로 이해한 바와 상관없이 하부 뇌가 '사랑을 확인받고 싶다'는 충동을 발생시키면, 마치 그 일을 하지 않으면 죽을 것 같은 기분이 드는 것이다. 그렇게 되면 이제 재키에게는 리안의 마음을 확인하는 일만이 중요하다. 그와 같은 순간에는 도박이, 페이스북을 확인하는 일이, 혹은 엄청난 양의 음식을 집어삼키는 일이 생존과 직결된 것처럼 느껴진다. 하지만 실제로는 이와 같은 습관들은 생존과 직결되기는커녕 전혀 이롭지도 못하다. 기억하자. 하부 뇌는 논리를 활용하지도, 추론을 하지도 못한다. 하부 뇌는 모든 게 거기에 달려 있다는 듯 패턴과 습관을 반복할 뿐이다.

마찬가지로, 달콤한 음식을 끝없이 먹어 치우고 싶은 충동에 사로잡혀 있을 때, 나의 뇌 역시 착각에 빠져 그 충동을 끝내는 일 외에 다른 건 아무것도 생각해내지 못했다. 하부 뇌의 충동은 심지어 더 똑똑한 뇌의 영역까지 장악해 논리적 사고나 추론이 거의 불가능한 지경에 이르게 만든다. 하부 뇌가 보내는 메시지에 잠식되는 동안에는 상식이 발을 디딜 틈은 거의 없다.

충동은 습관이 생존에 필수인 것 같은 착각을 불러일으킬 뿐만 아니라 대단히 불쾌한 물리적 자극을 유발하기도 한다. 종종 사람들은 충동이 긴장을 유발한다고 말한다. 가끔은 원칙이나 주의를 돌릴 수단을 활용해 물리칠 수 있을 만큼 긴장이 적을 때도 있지만 대부분의 경우 충동은 엄청난 긴장을 유발한다. 너무나도 커다란 긴장에 압도된 나머지 그 긴장감에서 벗어나기 위해서라면 무슨 짓이든 할 수 있을 것만 같다. 이때는 원칙이나 주의를 돌리는 수단 따위는 끼어들 기회조차 얻지 못한다. 충동에 복종하고 습관적인 행동을 하는 것만이 압박에서 벗어나는 유일한 방법이다.

재키는 사방이 벽으로 가로막힌 듯한 기분을 느꼈다. 남자친구의 마음을 확인하는 습관은 그녀의 하부 뇌의 습관이었다. 마치 그녀의 목숨이 거기에 달리기라도 한 듯 하부 뇌는 충동을 발생시켜 그녀를 고통스러운 패턴 속으로 밀어 넣었다. 그러나 재키는 본질적으로 건강하고 행복한 사람이기 때문에, 자신이 출발한 곳으로 되돌아가려는 관성이 발생했고, 이 관성은 하부 뇌가 발생시키는 끔찍한 충동을 완화하는 쪽으로 재키를 이끌었다.

문제는 재키가 아는 한 잠깐이라도 충동을 완화하는 유일한 방법은 충동에 굴복하는 것뿐이었다는 점이다. 물론 충동에 굴복한다는 건 그녀가 다시 습관적 행동을 반복하게 된다는 것, 남자친구와의 관계가 더 비뚤어진다는 것 외에도, 반복적으로 충동에 굴복함으로써 결과적으로 습관을 유발하는 생각이 머릿속을 더 가득 채우도록 허용한다는 걸 의미했다. 재키의 하부 뇌가 만든 패턴은 그녀가 습관에 굴복할 때마다 더욱 강해졌고, 그녀에게는 스스로가 만든 악순환의 고리에서 벗어날 방법이 보이지 않았다.

속수무책으로 휘둘리는 기분을 느끼려면, 분명 하부 뇌가 무언가를 휘둘러야 한다. 그리고 그 무언가는 바로 상부 뇌의 기능이다.

상부 뇌는 하부 뇌보다 훨씬 진화한, 정교한 뇌다. 상부 뇌는 지능적이고, 논리적이며, 합리적이다. 의식적인 결정을 내리고, 자발적인 운동 행동을 발생시키는 곳이기도 하다.

만약 당신이 다른 옵션도 있다는 사실을 안다면, 절대로 충동에 따르겠다는 결정을 내리지 않을 것이다. 당신은 아직 지혜와 상부 뇌를 활용하는 방식의 선택지를 찾아내지 못했다. 하지만 지금부터는 모든 게 달라질 것이다.

속수무책이라는 기분은 어디에서 올까?

충동이 생기면 마치 무언가가 '나'를 장악하고 있다는 기분이 든다. 더 현명하고 똑똑한, 더 나은 걸 원하는 나의 일부(나의 상식 또는 지혜)가 갑자기 습관에 압도되고 무력화되는 것이다.

하부 뇌가 '거부할 수 없을 것만 같은' 충동을 생성하는 동안, 나의 지혜와 상부 뇌는 "대체 무슨 생각을 하고 있는 거야?"라고 말한다. 이내 전쟁이 발발한다. 하부 뇌는 습관을 공고히 하기 위해 싸운다. 그 과정에서 감정적, 신체적 증상을 동반한 충동을 배출함으로써 내가 곧장 습관적인 행동으로 돌진하도록 총 공세를 펼친다. 그러는 동안 현명한 상부 뇌는 내가 진짜로 원하는 건 그게 아니라는 사실을 상기시킨다.

나의 지혜는 다른 시각으로 문제를 바라볼 것을 주문했을 것이다. 재키의 지혜 역시 자신의 행동이 비합리적이며 그건 오히려 리안과의 사이를 멀어지게 할 뿐이라는 사실을 상기시켰다.

우리가 종종 '나답지 않은' 무언가에 휘둘리는 듯한 기분을 느끼는 이유도 여기에 있다. 우리의 현명한 뇌는 이런 식으로 살고 싶지 않다. 하지만 우리는 온통 하부 뇌의 일시적인 기능에만 몰두한다. 그러면 출구는 보이지 않는다. 습관의 나락으로 다시 떨어지고 싶지 않지만 충동이 너무 강한 나머지 달리 선택지가 없는 기분을 느끼는 것이다.

아니면, 이제 다른 선택지가 보이는가?

하부 뇌의 한계와 지혜의 힘

하부 뇌는 충동을 만들어내고 습관을 유지하는 것이 마치 우리의 목숨을 살리는 일인 양 굴지만, 스스로 내린 명령을 집행하지는 못한다. 자발적 의사 결정과 움직임을 통제하는 뇌 영역은 상부 뇌이며, 우주적 사고나 지혜 역시 이 뇌 영역을 통해 작동하기 때문이다. 행동 역시 이 상부 뇌에서 시작된다.

우리가 하부 뇌의 충동에 따라 행동하는 이유는 그게 순간의 기분 전환을 위한 최고의 방법처럼 보이기 때문이다. 하지만 그건 아직 다른 선택지가 있다는 사실을 깨닫지 못했기 때문일 뿐이다.

생각은 우리가 담배에 불을 붙이거나 냉장고로 걸어가게 만들지 못한다. 생각은 재키가 휴대폰을 집어 들게 만들지 못한다. 이와 같은 일에는 진화한 뇌 영역을 통한 자발적 행동이 필요하다. 하부 뇌는 우리에게 메시지를 보내는 일만 할 수 있다. 하지만 이 사실을 알지 못하는 우리는 충동에 따르지 않으면 끔찍한 일이 벌어질 거라고 확신하고 마는 것이다. 실제로는 그 반대인데도 말이다. 우리는 스스로의 생각을 활용해 어떤 행동을 할지 선택하는데, 이때 그 생각을 어떻게 이해하고 받아들이느냐에 따라 행동은 달라질 수 있다. 결국은 모두 자신의 선택이다. 스스로 선택한 것처럼 느껴지지 않겠지만 사실은 모두 우리 자신이 선택한 것이다.

내게 영향을 준 영적 지도자 중 한 분은 우리 모두가 가진 '생각을 묵살하는 힘'에 대해 설명할 때 '뒷좌석 운전자(뒷좌석에 앉아 이래라 저래라 운전 지시를 하는 승객-옮긴이)'의 은유를 활용했다. 한번 상상해보자. 당신은 지금 차를 운전 중이고, 빨간 신호를 보고 속력을 줄이고 있다. 그런데 뒷좌석에 앉은 누군가가 당신의 귀에 대고 이렇게 소리 지른다. "가! 그냥 지나가라고. 그냥 가버려!" 그 고함소리는 시끄럽고 짜증나지만 아무리 시끄럽다 한들 운전대를 잡은 게 당신이라면 뒷좌석에 앉은 사람의 목소리만으로는 당신이 빨간 신호를 무시하게 만들 수 없다. 하부 뇌의 습관적 생각은 이 뒷좌석 운전자의 고함소리다. 그리고 운전대는 당신의 지혜와 상부 뇌가 쥐고 있다.

속수무책이 된 기분의 원인과 본질을 이해하기 시작할 때, 그 생각이 쥐고 있는 것만 같던 힘이 그 실체를 한 꺼풀씩 드러낸다.

사실 운전대는 언제나 당신이 쥐고 있었다. 다만 습관적 생각을 묵살하는 게 당신의 선택지에 있었다는 사실을 몰랐을 뿐이다. 다음은 어떻게 그 선택지를 선택지 이상으로 활용할 수 있을지에 대한 내용이다. 상상했던 것보다 훨씬 쉬워서 놀랄지도 모른다.

뇌가 가진 놀라운 능력과 그 너머

뇌는 지구상의 모든 생명체만큼이나 복잡하고 놀랍다. 하지만 삶에는 물리적 실체보다 우선하는 존재가 있다. 그건 물리적 세계에 형성된 모든 생명체를 창조하고 그 생명체에 힘을 부여하는 무형의 영적 에너지다. 나는 이 에너지를 '우주적 사고'라고 부른다. 이 영적 에너지에는 한계가 없다. 이 에너지는 무한하며 순수한 가능성의 결정체다.

만약 뇌에 전원코드가 있다면, 그 전원은 이 무한한 가능성의 콘센트에 꽂혀 있을 것이다. 아니 모든 것이 그 원천에 연결되어 있었을 것이다. 이 힘의 원천은 만물이 태어나고 언젠가 결국 되돌아오고야 마는 곳이다.

이 영적 에너지는 변치 않는 단 하나의 힘이다. 뇌와 여러 장기들이 진화하고 나이 드는 동안, 그리고 뇌에서 생성되는 생각과 기분, 감각 경험과 충동이 끝없이 오가는 동안에도, 그 모든 것을 창조해내고 가능하게 한 영적 에너지는 변치 않는 모습 그대로 존재한다.

이 에너지는 창의력과 약속으로 가득 차 있다. 이 에너지는 모든 것을 만들어냈으며, 무엇이든 만들어낼 수 있다. 과학적으로 설명할 수 없는 수많은 기적적인 치료 사례와 뇌의 명령을 벗어나 우리를 행동하게 하는 힘도 이 에너지에 해당한다.

새로운 아이디어, 새로운 생각, 천재적 창의성이 폭발하도록 길을 열어주는 힘이기도 하다. 이 에너지는 우리가 마음을 바꾸도록, 예감을 따르도록, 꿈을 좇도록 만든다. 이 에너지는 우리가 당장이라도 삶을, 그리고 습관을 새롭게 이해하도록 깨달음을 줄 수 있다.

이 에너지는 분명 뇌를 통해 찾아오지만, 뇌에서 만들어졌다고 볼 수는 없다. 혈액이 심장을 통해 온몸으로 퍼지고, 산소가 폐를 통해 몸에 공급되지만 혈액과 산소가 심장이나 폐에서 만들어진 건 아니듯 말이다. 수백만 달러의 가치가 있는 아이디어나 마음의 변화는 우리를 통해 발현되지만, 엄밀히 말해 그 아이디어나 변화가 우리에게서 비롯되었다고 볼 수는 없다.

뇌는 놀라운 능력을 가지고 있다. 하지만 거기서 만족하지 말자. 뇌 너머에는 더 크고, 더 놀랍고, 사랑으로 가득한, 무한한 공간이 존재한다. 기계를 가진 것 자체에 만족하지 말고, 그 기계를 구동하는 동력을 들여다보자.

마찬가지로 심리학은 놀라운 능력을 발휘하지만, 거기서 만족하지 말자. 영역을 막론하고 모든 심리학은 이미 형태를 갖춘 것들에만 몰두한다. 심리학은 생각, 기분, 행동과 같이 눈에 보이는 것에만 초점을 맞춘다. 그러나 우리가 그것들을 분석하려들 때쯤이면, 그 생각, 기분, 행동은 이미 모두 과거의 일이 된다.

순간적이며 변화무쌍한 형태 너머의 변치 않는, 안정적인 에너지를 주시할 때, 우리는 문제 자체가 아닌 잠재력에 집중할 수 있게 된다.

성가신 습관, 위태로운 관계, 분노 조절 문제, 스스로에 대한 불신 등 이미 형태를 갖춘 눈앞의 문제에 사로잡혀 디테일에 몰두하게 되기는 쉽다. 인간은 늘 이런 문제와 씨름하느라 아등바등하고, 해결책을 찾으려 심리학적 분석을 동원한다.

그러나 디테일을 분석한다고 해도 우리가 찾아 헤매던 자유를 늘 얻을 수 있는 건 아니다. 자유는 그 디테일을 초월해야 얻을 수 있다. 그리고 순간순간의 형태에 집착하기보다 삶의 연속성을 주시할 때 초월의 순간은 찾아온다. 무형의 에너지에 집중할 때, 감정과 문제, 심지어 뇌의 존재를 가능하게 한 것이 무엇인지에 집중할 때 우리는 초월할 수 있다.

그 에너지는 집중해서 볼 만한 가치가 충분히 있다.

4장

습관은 '나'에게서 비롯되지 않았다

짐작하건대 당신은 습관에 관한 한 유명하다는 심리학 서적 및 자기계발서를 모두 섭렵해, 원한다면 지금쯤 책을 한 권 써도 될 수 있을 정도로 전문가가 됐을 것이다. 아마도 습관과 중독에 대한, 그리고 이 둘을 떨쳐내는 방법에 대한 정보가 넘쳐흐를 것이다.

그럼에도 현재 2,350만 명의 미국인이 마약 또는 알코올중독 문제를 겪는 것으로 보고되고 있으며, 이 수치는 미국인에만, 그리고 마약 및 알코올중독 문제에만 한정된 수치다. 미국이 아닌 곳에 살고 있는 수백만 인구나, 그들이 가진 셀 수 없이 다양한 종류의 습관은 고려하지 않았다. 그러니 습관에 관해 알려진 모든 지식이 꼭 믿을 만하거나, 적절하거나, 널리 일반화시킬 만큼 도움이 되는 건 아니라는 사실이 명백해진 셈이다.

습관이 어떻게 시작되는지, 어떻게 지속되는지, 그리고 어떻게 하면 습관을 고칠 수 있는지에 대한 정보가 지천으로 널려 있다. 습관의 원인과 영향력을 다룬 책, 신문기사, 블로그 게시물 등이 셀 수 없이 발행되고 있고, 연구자들은 어떤 사람이 어떤 습관을 가지게 되는지, 일부 습관은 어째서 특정한 사람들에게만 더 두드러지게 발생하는지에 대해 말한다.

습관에 관해 접한 거의 모든 현대의 이론들은 대단히 그럴싸한 이유를 들어 우리를 특정한 방정식 안에 끼워 넣는다. 그런 습관을 가지게 된 이유가 인생에 어떤 것이 결여되어 있기 때문이라는 이야기를 들어봤을 것이다. 나 역시 그런 이야기를 들었다. 세상을 보는 시각이, 감정을 다스리는 방법이, 혹은 다른 사람과의 관계를 형성하는 방식이 잘못되어서 그렇다는 말을 들은 적도 있을 것이다. 습관을 떨쳐버리지 못하는 이유는 원칙이, 의지가, 또는 적절한 내적, 외적 동기가 결여되었기 때문이라는 말도 들었을 것이다.

그 과정에서 어느 날엔가는 오랜 습관을 새로운 습관으로 바꾸라거나, 명상을 하라거나, 더 큰 힘에 의존하라거나, 과거와 화해하라거나, 용서하지 못했던 사람들을 용서하라거나, 더 의미 있는 취미를 찾으라거나, 자신을 더 많이 사랑하라는 말도 들었을 것이다.

사람들은 대개 습관을 깊이 이해하려면 자신의 과거를, 성격을, 감정 상태를 되돌아봐야 한다는 잘못된 지시를 순진하게 따른다. 하지만 실제로는 우리의 과거와, 정신상태, 상황이 자신의 습관과 아무런 관련이 없다면?

애초에 따라야 하는 시나리오가 전혀 달랐다면 어떨까? 습관은 자신에게 결여된 그 무엇과도 관계가 없을 뿐만 아니라, 충동 자체에서 도움이 되는 정보를 얻을 수 있다면?

크리스티나의 쇼핑 중독 이야기

크리스티나의 쇼핑 습관은 그녀의 말을 빌리자면 '통제할 수 없는' 수준이었다. 크리스티나는 일반적인 사람들처럼 쇼핑을 즐기지는 않았다. 끝도 없이 물건을 사댄 건 사실이지만, 솔직히 그녀는 쇼핑을 전혀 즐기지 않았다. 그럼에도 그녀가 쇼핑을 한 건 그래야만 할 것 같은 기분 때문이었다.

크리스티나는 사치품이라고는 구경도 할 수 없는 가난한 환경에서 자랐다. 기본적인 필수품이 떨어지지 않는 이상 가게에 가는 일은 드물었고, 새것, 혹은 그녀가 고른 것을 살 기회는 1년에 단 두 번, 생일과 크리스마스뿐이었다. 크리스티나가 기억하는 한 그녀는 뭔가를 풍족하게 가져본 적이 없었다.

대학을 졸업하고 첫 직장에 다니기 시작한 뒤 크리스티나는 처음으로 자신을 위해 무언가를 살 수 있는 형편이 되었다. 처음 몇 번의 쇼핑 경험은 그야말로 흥분의 도가니였다. 그녀는 새 아파트에 놓을 기본 가구 몇 점과 출퇴근용 옷 몇 벌을 모두 새로 만든 신용카드로 결제했다. 그동안 한 번도 경험해보지 못한 짜릿함이 밀려왔다.

그러나 어느 시점이 되자 크리스티나의 습관은 기쁨을 얻기 위한 일이 아니라 불만족스러운 상황을 회피하기 위한 수단이 되었다. 충동이 찾아오기 시작했다. 뭔가를 사야만 한다는 기분이 그녀를 엄습했다. 그러면 크리스티나는 즐거움을 위해서가 아니라 그 충동을 해소하기 위해 물건을 샀다. 그녀의 습관은 이내 생활의 다른 부분에도 영향을 미치기 시작했다. 그동안 사 모은 소지품들을 보관하기에 아파트는 너무 작았고, 신용카드 빚은 버거울 정도로 쌓여 매달 최소 생활비를 남기기도 어려웠다.

마침내 쇼핑을 끊기로 결심했을 때, 크리스티나는 생각보다 그 일이 훨씬 어렵다는 사실을 깨닫게 되었다. 충동을 못 이기고 쇼핑을 할 때마다 실망과 수치심이 밀려왔지만, 그렇다고 충동에 맞설 수도 없었다. 크리스티나는 자신이 손쓸 수 없는 무언가에 사로잡힌 기분이었다. 쇼핑만이 충동에서 벗어날 수 있는 유일한 길인 것 같았다.

크리스티나는 스스로 습관을 떨쳐버리는 게 불가능하다고 생각해

곧 테라피스트를 찾아갔다. 테라피스트는 그녀에게 쇼핑이 어떤 기분을 주는지 물었고, 크리스티나는 보통은 롤러코스터에 탄 것처럼 신나는 기분을 느꼈지만 최근 들어 쇼핑을 하고 나면 그저 안심이 되는 수준이라고 답했다. 쇼핑 충동에 굴복하는 것이 그녀에게 무엇보다도 순간적인 안정감을 주었던 것이다.

크리스티나가 새것을 구입함으로써 안정감을 얻었다고 답하자, 테라피스트는 일상에서 그녀에게 안정감을 주거나, 마음의 평화를 주는 다른 방법을 찾아볼 것을 제안했다. 이 제안이 한눈에는 논리적인 것처럼 보이지만 크리스티나에게는 혼란을 줄 뿐이었는데, 무언가가 결여되어서, 혹은 마음의 안정이 필요해서 쇼핑을 하게 된 건 아니었기 때문이다. 애초에 마음의 불안을 야기한 건 쇼핑 습관 자체였다. 다시 말해, 습관이 크리스티나 인생의 일부로 자리 잡기 전까지 그녀의 인생에 딱히 무언가가 결여된 적은 없었던 것이다. 게다가 크리스티나의 습관은 쇼핑을 통해 얻은 물건이 아니라 쇼핑 행위 자체에 그 목적이 있었다.

또한 테라피가 진행되는 동안 크리스티나는 자신의 과거에 대해 이야기하는 데 많은 시간을 할애해야 했는데, 그러느라 현재의 문제를 논할 시간을 빼앗겼다. 크리스티나의 과거와 현재 습관이 전혀 무관하다는 말은 아니다. 특히 그녀의 어린 시절은 관련이 있을 수 있다. 성인이 된 그녀가 처음 쇼핑에 나섰을 때 느낀 짜릿함에 크리스티나의 아동기를 상징하는 상실감이 기여한 바가 분명 있을 것이다. 하지만 일단 습관이 자리를 잡고 난 뒤 그녀의 과거는 현재의 습관과 무관해졌다. 습관을 떨치기 위해서 과거의 문제를 해결할 필요는 없다. 이미 습관이 형성된 지금 크리스티나에게 가장 중요한 일은 자신의 쇼핑 충동을 새로운 눈으로 바라보는 것이었다. 그녀가 자신에게 내재된 건강과 충동을 새로운 시각에서 바라보기 시작하자 그녀는 충동을 묵살할 수 있었고, 결국 습관에 작별을 고할 수 있었다.

크리스티나가 이 강력하고 통제 불가능한 충동이 나타났을 때 어떻게 해야 하는지 묻자, 테라피스트는 그 충동에 굴복하지 않기 위해 할 수 있는 모든 노력을 다해야 한다고 답했다. 테라피스트 역시 충동에 굴복하지 않을수록 습관이 점점 사라진다는 사실을 알고 있었지만, 그녀의 충동이 얼마나 강력한 정신적, 신체적 영향을 미치는지까지는 알지 못했다.

충동을 멈출 만한 원칙이나 의지가 부족한 게 문제가 아니었다. 문제는 쇼핑 충동이 마치 죽고 사는 문제처럼 느껴졌다는 사실, 그리고 크리스티나가 충동에 굴복하는 것 외에 다른 방법은 볼 수 없었다는 사실이었다. '굴복하지 말라'는 말로 끝날 정도로 쉬운 일이었다면 크리스티나도 그 많은 혼란을 겪지 않았을 것이다. 굴복하지 않기 위해서 그녀는 자신의 충동을 새로운 시각에서 바라봐야 했다. 그렇지 않았다면 그녀는 겁에 질린 채 영영 충동의 노예가 되어버렸을 것이다.

크리스티나가 테라피 센터를 나설 무렵, 무력감과 좌절감, 절망감이 엄습했다. 테라피를 받기 전까지 크리스티나는 자신도 꽤 괜찮은 삶을 살고 있다고 느꼈다. 그저 습관 하나가 문제였다. 하지만 테라피를 받은 이후 그녀는 자신이 믿어온 사실에 의문을 품게 되었다. 테라피 결과는 크리스티나가 특징 없는 사람이며, 인생에 불만족한 사람이라고 말했다. 그녀는 이제 충동에 맞서 싸울 수 없는 패배자가 된 기분이었다. 그러나 이보다 틀린 결론을 내기도 어려울 것이다.

크리스티나의 테라피스트가 틀렸다는 건 아니다. 테라피스트의 제안은 그가 몸담은 분야에서 유효한 이론이었으며, 다만 크리스티나에게 효과가 없었던 것뿐이다. 한 가지 새로운, 대단히 유용한 관점이 있는데, 바로 습관이 우리의 성격이나 상황과는 전혀 관계없다는 이론이다. 습관은 우리를 압도하고, 종종 불편하게 만드는 '생각'이다. 하지만 그 생각은 실제로는 개인과는 상관없다.

우리는 하루 종일 머릿속을 스치는 다양한 생각들을 매일같이 경험한다. 그러나 그 생각들은 '나'가 아니며, 그저 우리를 스쳐 지나가는 삶이다. 우리는 그 삶이 펼쳐지는 공간일 뿐이다.

우리의 내부에서 발생하는 그 모든 생각들은 우리에게 왔다가 간다. 움직이는 건 생각의 본성이다. 그런데 우리는 스스로 알지 못하는 사이에 습관, 생각에 관한 생각, 충동의 실체에 대한 자신의 믿음을 한데 묶어 함께 움직이게 만들고 만다. 충동이 위험하고, 개인적이며, 감당

할 수 없는, 영구적인 존재라고 착각하게 되면, 그 충동에 굴복할 수밖에 없다. 충동을 사라지게 하는 최고의 옵션이 굴복인 것처럼 보이기 때문이다.

그러나 충동이 싸워야 하는 대상이 아니라, 또한 인간성에 흠결이 있기 때문에 발생하는 것이 아니라 그저 지나가는 생각에 불과하다는 사실을 보기 시작하면 충동을 묵살하기가 훨씬 쉬워진다. 자신이 본질적으로 건강하고, 행복하며, 습관으로부터 자유로운 사람이라는 사실을 계속해서 보게 되면, 스쳐 지나는 모든 생각을 붙잡고 늘어지는 대신 그 깨달음 안에서 마음의 휴식을 취하기가 훨씬 쉬워진다.

충동을 경험할 때 느끼는 기분은 사실 아주 유용한 조기 경보 신호다. 이 기분은 달음박질치는 생각을 늦추고, 우리가 생각의 힘을 활용하는 방식에 스스로 의심을 품을 수 있게 해준다. 우리는 언제나 생각을 기분으로 느낀다. 그리고 충동은 하나의 생각에 불과하다. 따라서 우리가 느끼는 긴장감은 머릿속이 생각으로 가득 찼다는 사실을 보여주는 신호에 불과하다. 생각으로 가득 찼던 머릿속은 자연히 스스로 맑아진다. 그리고 습관의 출연은 한 걸음 물러서서 기다리며 생각이 느려지기를 기다리라는 신호다.

인간은 지고 있을 때 속도를 올리는 유일한 동물이라는 말이 있다. 인간을 제외한 다른 모든 동물은 같은 상황에 처했을 때 잠시 멈춰 방향을 재설정한다. 그러나 우리 인간들은 오히려 앞으로 내달리며 정신없이 서두른다. 실제로 생각과 행동을 멈추고, 생각보다 훨씬 현명한 무언가의 목소리에 귀 기울여야 할 때 우리는 더 많이 생각하고 행동한다.

습관은 순전히 오해에서 비롯된다. 또한 습관은 성격과는 전혀 무관하며, 두려움을 느끼고 있다는, 순전히 오해로 인해 행동에 나서고 있다는 사실을 보여주는 유용한 경고 신호다.

이제 당신은 이내 엄청난 깨달음을 얻게 될 것이다. 당신에게 무력감을 주던 그 무엇도 더 이상 힘을 발휘할 수 없다.

5장

필요한 건 정보가 아니라 통찰력이다

앎에는 다양한 종류가 있으며, 어느 한 가지를 알아가는 데는 수없이 많은 방식이 존재한다. 당신이 보유한 '지식'과 관련된 앎의 개념은 분명 친숙할 것이라 생각한다. 80년 전쟁을 치른 나라, 리마가 페루의 수도라는 사실, 펑크 난 타이어를 교체하는 방법 등은 사실을 기반으로 한 지식, 또는 절차에 관한 지식이다. 이와 같은 종류의 앎은 상대적으로 명확하게 느껴진다. 내가 무엇을 알고, 무엇을 모르는지 명확히 할 수 있기 때문이다. 지적인 앎은 공부, 훈련, 연습, 암기 등 적극적인 노력을 통해 향상될 수 있다. 그렇게 얻은 정보는 보통은 우리가 필요할 때마다 열어 꺼내볼 수 있는 지적 기반에 추가된다.

사실을 아는 것, 사물의 이치를 이해하는 것은 여러 면에서 중요하다. 하지만 그와 같은 종류의 앎에 한계가 없는 것은 아니다. 정보는 맥락에 의존적이다. 예를 들어, 펑크 난 타이어를 교체하는 능력은 집에 불이 났을 때는 도움이 되지 않는다. 리마가 페루에 있다는 사실을 아는 것은 아프리카에서 길을 잃었을 때 도움이 되지 않는다.

또 다른 종류의 앎에는 '통찰력'이 있다. 통찰력을 통해 아는 것과 지식을 통해 아는 것 사이에는 큰 차이가 있다. 통찰력은 보다 깊은 차원의 진실이기 때문이다. 반려견을 사랑한다는 사실, 할머니댁을 방문하는 것이 자신에게 중요한 일이라는 사실, 그리고 어떤 일은 절대 용납해서는 안 되는 걸 안다는 사실, 심지어 껍질콩보다 아스파라거스를 좋아한다는 사실도 통찰력에 속한다. 이때도 마찬가지로 우리는 자신이 무엇을 알고 있는지 안다. 사실 이와 같은 사실에 대해서는 전쟁이나 도시, 자동차 부품보다 더 자신 있게 안다고 말할 수 있으며, 그 사실을 더 다양한 방식으로 증명할 수 있을 것이다. 하지만 그 같은 사실을 어떻게 알게 되었는지, 그리고 왜 그런 기분을 느끼는지에 대해서는 설명하려 들면 답답함을 느끼게 된다.

지적 앎은 독서나 훈련 등 적극적인 노력을 통해 얻을 수 있는 반면, 통찰적 앎은 수동적으로, 통찰력을 통해 얻게 된다. 그런데 통찰력을 얻기 위해서는 우리가 해야 할 일도, 할 수 있는 일도 없다. 통찰력은 마음을 열었을 때, 어떤 일에 대해서 깊이 고민하지 않을 때 종종 찾아온다.

습관을 영원히 떨쳐내는 일에 지금보다 더 많은 정보는 필요치 않다. 이미 가진 정보만으로도 충분하다. 사실 그동안 우리가 얻은 습관에 대한 모든 잘못된, 그리고 관련 없는 정보는 오히려 습관을 떨쳐내는 데 방해가 될 수 있다. 습관을 영원히 끝내는 데 필요한 단 한 가지는 바로 통찰력이다.

애드리안의 알코올 중독 이야기

애드리안은 자신의 음주 습관이 걱정스러웠다. 전에는 한 주에 며칠, 한 잔 마실까 말까 하던 것이 이제 매일 밤 두세 잔이 되었고, 이제 이 습관을 끝내야겠다고 생각했을 때 그게 생각보다 쉬운 일이 아니라는 사실을 깨닫게 되었다. 애드리안은 밤에 마시는 와인 두 잔이 그리 나쁜 건 아니라고 합리화했다. 어쨌든 그녀의 사회생활에는 문제가 없었고, 아이들의 양육에도 힘썼으며, 직장에서도 뛰어난 능력을 발휘하고 있었기 때문이다. 하지만 슬슬 와인에 의존하고 있다는 기분이 들기 시작하자 와인이 완전히 그녀를 장악하기 전에 술을 끊어야겠다는 생각이 들었다.

코칭 수업이 시작되었고, 애드리안과 나는 당신이 앞선 네 개의 장에서 읽은 내용에 대해 이야기를 나누었다. 나는 지혜가 그녀를 그녀에게 가장 좋은 길로 안내할 것이라는 사실을 전하며, 특히 그녀가 경험하는 모든 충동에 굴복하지 않는 방법을 배울 때 지혜를 엿볼 수 있을 것이라고 말했다. 우리는 애드리안의 습관은 더 나은 기분을 느끼기 위해 그녀가 택한 최선의 방법이었을 뿐이며, 그녀는 삶의 모든 순간 최선을 다해왔다는 사실에 대해서도 이야기했다. 또한 우리가 인간의 경험 그 아래 놓인 진실을 들여다볼 수 있을 때 생각이, 경험이, 심지어 충동이 얼마나 순간적이며 안전한 존재가 되는지에 대해서도 이야기했다. 나는 애드리안에게 그녀의 습관은 그녀 개인의 본성과 그 어떤 면에서도 관련이 없다고 말했고, 그 말을 들은 애드리안은 크게 안심했다.

애드리안의 지적 이해는 눈에 띄게 성장했다. 그녀는 하부 뇌와 상부 뇌에 대해 설명할 수 있게 되었고, 자신의 본질은 건강과 행복이라는 사실도 보게 되었다. 또한 다른 모든 생각과 마찬가지로 충동 역시 중간에 그녀가 개입하지만 않으면 금세 사라진다는 사실도 이해하게 되었다. 배움이 빠른 애드리안은 개념과 정보를 곧잘 습득했다. 하지만 대부분의 사람들과 마찬가지로, 깊은 통찰력을 얻기까지는 꽤 오랜 시간이 걸렸다. 머리로는 이해했지만, 통찰력을 통해 깨우치지는 못한 것이다.

애드리안이 깊은 통찰력을 얻지 못했다는 사실을 어떻게 그렇게 확신하냐고? 습관이 여전히 그녀에게 지배력을 행사하고 있었기 때문이다. 와인잔에 와인을 한 잔 더 따르고 싶은 충동이 찾아오면 대체로 그녀는 어쩔 수 없이 그 충동에 굴복하고 말았다. 애드리안은 확실히 자신의 습관을 새로운 관점에서 보기 시작했지만, 그녀의 음주 습관은 애드리안이 통찰력을 얻기까지 갈 길이 한참 남았다는 사실을 보여주었다.

통찰력의 영향

우리는 지적 이해를 통해 어떤 개념에 관한 완벽한 관점을 얻게 된다. 하지만 지적 이해가 늘 개인에게 '영향'을 미치는 건 아니다. 반면 통찰력은 우리를 180도 바꿔놓을 수 있다. 우리가 어떤 일에 대한 깊은 통찰력을 얻게 되면 새로운 진실에 눈을 뜨게 되는데, 그 깨달음은 별다른 노력을 하지 않아도 자연스럽게 우리의 행동에 영향을 미친다. 나는 2013년에 출간한 저서 『빙 휴먼Being Human』에서 바이런 케이티의 『사랑에 대한 네 가지 질문I Need Your Love-Is That True?』(2006)에 쓰인 이야기를 인용했다.

케이티는 모하비 사막 하이킹 도중 방울뱀을 만난 일에 대해 썼다. 그녀는 그 순간 공포로 온몸이 마비되는 것 같았다고 했다. 누군가 몇

주 뒤에 우연히 자신의 시체를 발견하는 상상을 머릿속에서 떨쳐버릴 수가 없었던 것이다. 그러다 문득 무언가가 공포에 질린 케이티로 하여금 방울뱀을 자세히 들여다보게 만들었는데, 다시 보니 그건 뱀이 아니라 밧줄이었다.

그 무언가는 통찰력이었다. 조금 전까지만 해도 그녀는 자신이 본 게 뱀이라고 확신했다. 하지만 그게 뱀이 아니라 밧줄이라는 사실을 알게 된 이상 아무리 노력해도 밧줄을 두려워할 수는 없는 노릇이었다. 그녀는 동일한 물체를 새로운 방식으로 바라보았고, 그 결과 그녀의 생각과 감정, 행동이 극적으로 바뀌었다.

이 이야기는 통찰력이 행동을 어떻게 바꿔놓는지를 보여주는 아주 훌륭한 예다. 하지만 통찰력이 늘 그토록 극적으로 찾아온다거나, 엄청난 영향력을 발휘한다는 인상을 주고 싶지는 않다. 바이런 케이티처럼 엄청난 깨달음의 순간을 경험하게 되는 일도 있지만, 그 같은 경험은 일반적이라기보다는 예외에 가깝다. 대개 통찰력은 감지하기 어려울 만큼 미묘하다. 통찰력을 얻게 되는 순간은 하늘에서 번개가 내리치는 듯한 깨달음의 순간과는 거리가 멀다. 심지어 행동이 바뀌거나 혹은 인생이 미묘하게 달라졌다는 사실을 느낄 때까지도 자신이 통찰력을 얻었다는 사실을 깨닫지 못하기도 한다.

나 역시 폭식 습관에 관한 통찰력을 얻게 되었는데, 실은 여러 번에 나누어 얻게 된 것 같지만 확신할 수는 없다. 통찰력은 내가 오랜 습관을 즉시, 그리고 상대적으로 쉽게 떨쳐낼 수 있도록 도와주었다. 습관을 떨치기 위해 어떤 단계를 학습하거나 활용한 것은 아니다. 게다가 무언가를 적극적으로 했다는 기분도 들지 않았다. 물론 그렇다고 해서 의식적으로 '한 일'이 전혀 없었던 건 아니다. 그 과정은 마치 습관을 새로운 조명 아래서 지켜보는 듯한 기분을 주었다. 새 조명 아래서 본 습관은 그동안 내게 무력감을 줬던 그 무시무시한 존재가 아니었다. 그러한 사실을 깨닫고 나자 습관적 행동은 저절로 사라졌다.

통찰력은 '변한 건 아무것도 없는데 모든 게 달라진' 듯한 기분을 준다. 내가 느낀 기분이 정확히 그랬다. 내가 적극적으로 한 일이라고는 영적 지도자들의 가르침과 『폭식증을 이기는 뇌』에 담긴 정보를 열린 마음으로 받아들이고, 무엇을 '할지' 가르쳐주는 내면의 목소리에 귀를 기울인 것뿐이다. 그 후 겉으로 보기에 크게 달라진 건 없어 보였지만, 모든 것이 변했다.

애드리안과 계속 대화를 나누는 동안 그녀에게도 지식 이상의 깨달음이 찾아오기 시작했다. 충동이 그녀 개인의 본성과 무관하며 예측 가능하다는 사실에 대해서는 전에도 여러 차례 이야기를 나눴지만, 깨달음은 어느 날 갑자기 찾아왔다. 그녀가 비로소 머릿속에서 일어나는 일들에서 한 걸음 떨어져 메시지를 새롭게 받아들이게 된 것이다. 그녀는 하부 뇌가 충동을 발생시키는 기계일 뿐이라는 사실을 보기 시작했다. 그러자 충동이 가지던 의미와 두려움이 그 어느 때보다

작아졌다. 그녀는 새로운 시각으로 상황을 보게 되었다. 그리고 자신이 더 이상 전처럼 충동을 두려워하지 않는다는 사실을 갑자기 깨닫게 되었다. 깨달음을 얻기 위해 그녀가 의식적인 노력이나 연습을 할 필요는 없었다.

애드리안이 즉시, 혹은 완전히 술을 끊을 수 있었던 건 아니다. 하지만 그녀의 음주 습관 자체가 변했다. 무엇보다도 기분이 달랐다. 애드리안은 새롭게 갖게 된 생각이 마음에 들었고, 그 어느 때보다 변화에 가까이 다가갔음을 느꼈다. 무언가를 '하기'보다 '보았기' 때문이다. 그게 바로 통찰력이다.

통찰력을 깨우는 방법

통찰력이 노력으로 얻어지는 것이었다면, 당신도 지금쯤 성공했을 것이다. 그러나 비록 깊은 통찰력을 '만들어내기' 위해 당신이 할 수 있는 일은 없지만, 통찰력을 북돋우는 데 도움이 되는 몇 가지 조건이 있긴 하다.

가장 좋은 방법은 지식에 잠시 휴지기를 주는 것이다. 너무 열심히 생각하지 말자. 습관에 관한, 혹은 인생에 관한 새로운 아이디어나 관점을 접하면 우리는 곧 그 정보를 분석하기 시작한다. 그동안 들었던 다른 개념들과 비교하고, 대조하고, 결국 지적 이해의 영역에 들어서게 되는 것이다. 편견이나 '이건 X와 비슷하지만 Y와는 다르군'과 같은 생각이 끼어들면, 시야는 좁아진다. 결국 우리는 새로운 것을 발견하는 대신 이미 알고 있던 사실을 다시 확인하거나, 그 사실이 틀렸다는 사실을 확인하는 데에서 그치고 만다.

지금부터는 평가나 분석 없이 새로운 지식과 아이디어가 스쳐 지나가도록 해보자. 소설을 읽듯, 영화를 보듯, 음악을 듣듯 이 책의 나머지 부분을 읽어 내려갈 것을 권한다. 열심히 읽지 말고 가볍게, 꼼꼼하게 들여다보지 말고 설렁설렁 읽어보자. 이 책에 담긴 정보가 마치 시험에라도 나올 것처럼 읽지 말고 영감과 통찰력이 들어올 수 있도록 열린 마음으로 읽어보자. 적극성을 조금 내려놓으면 이전에는 들리지 않았던 것들을 들을 수 있게 된다. 그러면 정보는 더 깊은 곳까지 가닿는다.

습관에 관한 새로운 정보를 편안한 마음으로 분석이나 판단 없이 받아들이자, 애드리안은 습관을 더 깊이 이해할 수 있게 되었다. 그녀의 지적 이해는 깊은 통찰로 이어졌고, 그 깊은 통찰은 결국 음주 습관의 종결로 이어졌다. 깊은 통찰은 대체로 점진적으로 찾아오지만 가끔 극적으로 얻게 되기도 한다. 와인을 끊기 위해 애드리안이 대단한 의지나 노력을 발휘할 필요는 없었다. 그녀가 습관의 실체를 명확히 들여다볼수록 습관은 스스로 사라져갔다.

습관 앞에서 무기력함을 느낄 때 애드리안의 눈에는 오직 한 버전의 현실만 보였다. 속수무책으로 습관에 휘둘리고 있다는 기분이 그녀를 갉아먹었고, 충동에 굴복하는 것 외에 다른 선택지는 보이지 않았다. 그러나 다른 진실이 존재하지 않았던 적은 한 번도 없다. 다만 그녀가 그 존재를 보지 못했을 뿐.

하지만 삶의 본질, 습관의 본질에 대해 깊은 통찰을 하게 된 애드리안은 마침내 늘 그곳에서 그녀를 기다리던 진실에 눈 뜨게 되었다. 애드리안은 이 깨달음을 악몽에서 깨는 일에 비유했다. 악몽을 꾸는 도중에는 마치 그것이 현실인 것처럼 느껴진다. 하지만 잠에서 깨면 새로운 현실을 인지하게 된다. 잠에서 깨어난 뒤 우리는 더 넓은 시야에서 악몽을 바라보게 되고, 그 순간 악몽은 힘을 잃는다.

당신도 자신의 삶과 습관을 비추는 새로운 현실에 눈뜰 수 있다. 당신은 언제고 삶을 더 깊이 이해할 수 있고, 그건 언제나 도움이 된다.

6장

몸속 알람시계

충동은 생각이다. 충동은 습관적인 행동을 유발하기 위해 물리적, 감정적, 정신적 동력을 만들어낸다. 하지만 이제는 우리가 알게 된 사실이 한 가지 있다. 충동은 유용한 정보원이기도 하다. 충동은 우리가 정신적으로, 감정적으로 본 궤도를 벗어났다는 사실을 알려주며, 우리가 생각의 힘을 스스로에게 해로운 쪽으로 사용하고 있다는 사실도 알려준다.

습관이 살아서 움직이는 이유는 우리가 충동에 굴복하기 때문이다. 다시 말해 충동에 따르지 않으면, 습관은 결국 사라지게 되어 있다.

그렇다면 어째서 충동에 굴복하게 되는 걸까? 우리가 충동에 굴복하는 이유는 스스로 충동에 대해 느끼고 이해하는 방식 때문이다. 충동은 대단히 불편하게 느껴질 수 있다. 그리고 불편함이 커질수록 우리는 충동을 절대 사라지지 않을, 실제보다 훨씬 더 큰 힘으로 인식한다.

가끔은 저항을 포기하고 폭식을 하거나, 와인을 한 잔 더 마시거나, 남자친구에게 문자 메시지를 보내는 등 습관에 굴복하는 것이 충동을 벗어날 유일한 방법처럼 느껴지기도 한다.

그러나 다행히도, 우리가 이해하는 충동의 실체, 눈앞에 보이는 충동의 모습은 순전히 우리의 착각이 반영된 것이다. 진실은 그것과 전혀 다른 모습을 하고 있다.

충동을 보는 더 정확한 눈

가장 간단하게 설명하자면, 충동은 생각 그 이상도 이하도 아니다. 충동에 정신적인 힘이 아니라 물리적, 감정적 힘이 있는 것처럼 느껴질 수 있지만, 강력하게 느껴지는 감정이나 신체감각은 일시적인 생각이 외적으로 발현된 것일 뿐이다.

습관적인 행동을 하고 싶다는 생각이 머릿속에 떠오르고, 그 생각에 관심이 주어지면, 생각은 눈덩이처럼 불어난다. 그러다 자신도 알지 못하는 사이에 머릿속에서는 습관에 관한 끝없는 생각의 향연이 펼쳐진다.

충동은 생각일 뿐이다. 그러나 당신의 의식을 먹고 자라는 그 생각들은 당신의 마음과 머리를 내달리게 할 수도 있다. 충동은 시야를 좁게 만들 수도, 몸을 떨게 할 수도, 근육을 수축 또는 긴장시킬 수도 있다. 충동은 울게 할 수도, 당혹스럽게 할 수도, 비명을 지르고 싶게 만들 수도 있다. 하지만 충동은 실제로는 아무런 의미도 없으며 우리의 본성과는 무관하다. 충동은 지나가는 경험일 뿐이다. 그럼에도 뇌는 우리를 속이고 습관을 유지하기 위해 가면무도회를 연다.

신경과학적 측면에서 봤을 때, 충동을 생성해낼 수 있도록 뇌를 가르치는 장본인은 바로 우리 자신이다. 처음 몇 번에 걸쳐 충동에 굴복하는 동안, 뇌 안에 형성된 습관과 긍정적인 기분 사이의 연결고리가 강화된다. 하부 뇌는 충동을 생성해냈을 때 그 충동에 따라 행동한 우리의 기분이 좋아지는 걸 본다. 스스로가 뇌에 "이거 좋은데! 충동 계속 들여보내!"라고 말한 셈이다. 그래서 충동은 계속된다. 굴복하면 할수록 충동은 점점 강해지고, 습관 역시 강화된다.

영적인 측면에서, 충동은 우리가 생각의 힘을 활용해 스스로에게 해를 입히고 있음을 알리는 훌륭한 조기 경보 시스템이다. 지금 우리가 생각을 통해 스트레스를 만들어내고 있으니 한 걸음 물러서서 머릿속이 스스로 맑게 개기를 기다리라는 신호다.

알람시계를 다루는 법

다방면에서 충동은 알람시계를 설정하는 것과 크게 다르지 않다. 알람시계는 지능도, 생각도 없는 기계다. 하부 뇌처럼 말이다. 새벽 6시에 알람을 맞추면 시계는 새벽 6시에 알람을 울린다. 알람시계는 그날이 토요일인지 알 수 없고, 우리가 알람을 꺼두는 걸 잊었다는 사실도 모른다. 알람시계는 직장을 옮긴 덕분에 6시 30분까지 자도 된다는 사실을 알지 못한다. 알람시계는 의견도, 선호도도 없다. 알람시계는 우리가 일어났는지, 알람을 끄고 다시 잠들었는지, 시계 플러그를 빼서 방 저편으로 던져버렸는지 알 수 없다. 알람시계는 그저 시킨 일을 할 뿐이다. 설정이 변경될 때까지 설정된 대로 살아가는 것이다.

알람시계와 마찬가지로 충동은 머릿속에서 어떤 일이 발생했을 때 우리를 깨워 그걸 알아차리게 만들기 위해 고안된 귀중한 정보 신호다. 긴장, 걱정을 비롯해 우리가 불필요한 생각에 사로잡혔을 때, 우리를 깨우기 위해 그 불편한 기분이 충동과 함께 등장한다. 그와 같은 신호를 받았다면 한 걸음 물러서서 머릿속이 스스로 맑아지도록 기다리면 된다.

충동은 몸속 알람시계가 울리는 소리다. 몸서리칠 정도로 시끄러운가? 그렇다. 해롭고 위험한가? 아니다. 알람시계 소리에 깜짝 놀라 잠에서 깼다고 해서 그 일에 대해 개인적으로 우려하는 사람은 없다. 아무리 피곤해도 알람시계를 두려워하거나 탓하지도 않는다. 알람시계는 할 일을 한 것뿐이니까.

충동도 같은 눈으로 보면 어떨까?

라라는 그렇게 했다. 그리고 그 새로운 관점은 모든 것을 바꿔놓았다.

라라의 인터넷 중독 이야기

라라는 충동이 두려웠다. 그녀에게는 스스로 '심각한 인터넷 습관'이라고 이름 붙인 습관이 있었다. 라라는 직업적으로 하루에 8시간 동안 컴퓨터 앞에 앉아 시간을 보냈고, 퇴근 후에도 노트북이나 스마트폰을 붙잡고 시간을 보낼 때가 많았다. 라라의 인터넷 활동은 연예인들의 가십을 다룬 블로그나 페이스북을 통해 타인의 삶을 엿보는 일이 주를 이뤘다. 그녀도 자신이 그 모든 가십을 들여다보는 동안 엄청나게 많은 시간이 낭비되고, 일과 취미생활에도 방해를 받고 있다는 사실을 알았다. 게다가 그 습관은 그녀에게 슬픔과 외로움, 자기 비하의 감정만을 남길 뿐이었다. 그녀는 인터넷을 통해 엿본 친구나 낯선 사람들과 자신을 비교했는데, 보통은 타인의 삶이 자신의 삶보다 낫다는 쪽으로 결론이 나곤 했다. 이 습관은 라라의 일상을 통제하며 그녀에게서 자유를 앗아가기 시작했다.

라라는 실제 삶을 벗어나 인터넷 세상을 향해하고 싶은 충동을 느낄 때마다 그에 굴복했다. 그녀가 자신의 충동을 두려워하게 된 이유가 바로 이것이었다. 라라는 자신이 좋아하는 친구들이나 연예인들의 일상을 확인하고 싶은 충동을 거스른 게 언제인지 떠올릴 수조차 없었다. 라라에게 충동과 충동에 굴복하는 일은 동의어나 마찬가지였다. 그녀에게는 다른 선택지가 없는 것 같았다.

인터넷에 접속하고 싶은 생각은 자주 찾아왔고 그때마다 라라는 패닉에 빠졌다. 하지만 '인터넷을 켜! 잠깐 쉴 자격이 있어!' 또는 '하루 종일 저항할 순 없잖아. 이쯤에서 포기해!'와 같은 작은 생각은 그 자체로는 라라를 절대 해칠 수 없었다. 그저 지나가는 생각일 뿐이니까 말이다. 한 걸음 물러서서 수동적인 태도를 취하라는 신호 그 이상도 이하도 아니었다.

하지만 라라가 자신의 충동에 대응하거나 교감한 방식은 충동에 엄청난 힘을 주었다. 라라는 그 순수한 생각을 두려움으로 대했고, 패닉에 빠졌으며, '왜 나야? 왜 지금이지? 대체 왜 또 찾아온 거야?'라는 생각으로 곧장 빠져들었다. 그녀는 자신의 충동을 매우 심각하게 받아들였으며, 매우 개인적으로 받아들였다. 충동의 이유를 분석하고, 충동과 논쟁했으며, 문제를 해결하려고 노력하기도 했다. 그리고 충동은 라라가 절대 변할 수 없는 이유, 이 습관이 어떻게 그녀의 인생을 망쳐놓을지에 대한 상상을 한데 엮어 기다란 새끼줄을 끝도 없이 꼬았다.

충동에 대한 라라의 초기 대응 방식이 충동에 불을 지피고, 결국 충동이 생명력을 가지고 날뛰게 된 건 어찌 보면 당연한 일이다. 스스로 알아채기도 전에 라라의 몸과 마음은 강력한 충동에 사로잡혔고, 그땐 이미 충동에 저항하기 대단히 어려운 상황이 된 것이다.

라라를 공포에 떨게 만든 경험은, 실은 그녀가 충동을 잘못된 방식으로 대했기 때문에 일어난 것이었다.

알람시계 끄기

충동에 관한 한 라라가 처음에 놓친 게 몇 가지 있다. 첫째, 라라는 충동과 자신의 본성은 관계가 없다는 사실을 놓쳤다. 그녀는 충동이 자신의 문제라고 생각했다. 무언가가 결핍되어 있기 때문에 자신이 타인에 관한 가십에 둘러싸이고 싶어진다고 믿었던 것이다. 하지만 그건 사실이 아니었다. 라라는 그저 머릿속에 떠오른 생각을 경험한 것뿐이었다. 그녀의 유일한 문제는 그 생각을 오해하고, 잘못 해석한 것뿐이었다.

라라는 충동에 관한 생각이 떠오르자마자 곧장 그 생각 속으로 뛰어든 것 자체가 생각의 소용돌이를 키운 원인이라는 사실을 보지 못했다. 나를 찾아오기 전까지, 라라는 처음 떠오른 그 생각이 자신은 결코 헤어나지 못할 인터넷 폭식증의 전조라고 생각했다. 그녀는 자신이 습관의 먹잇감이라고 믿었다. 하지만 이 중 그 무엇도 사실이 아니다.

그녀의 습관이 어떻게 시작되었는지 함께 이야기하기 시작하면서 라라는 자신의 습관에 대한 새로운 관점을 얻게 되었다. 우리는 그녀가 반복적으로 충동에 굴복함으로써 의도치 않게 하부 뇌에 충동을 발생시키는 법을 가르치게 되었다는 사실과, 인터넷을 서핑하는 시간이 마음의 평화를 준다고 오해하게 된 이유에 대해서도 이야기를 나누었다.

과거 그녀는 습관이 늘 자신의 등 뒤에 도사리며 완벽한 공격 기회만을 엿보고 있다고 믿었다. 이와 같은 믿음 때문에 충동은 매우 개인적인 문제로 느껴졌고, 충동이 일 때마다 그녀는 스스로를 피해자로 인식하게 되었다. 하지만 이제 라라는 자신의 습관을 알람시계라고 생각할 수 있게 되었다. 그녀의 하부 뇌는 자신이 가르친 대로 행동할 뿐이라는 사실도 받아들였다. 그리고 물리적인 뇌를 작동시키는 영적 에너지, 즉 우주적 사고는 그녀에게 한 걸음 뒤로 물러서서 머릿속이 차분해질 때까지 기다리도록 알람을 울려주었다.

충동이 발생했다고 해서 라라가 그 모든 충동에 굴복해야 했던 건 아니다. 그녀의 인터넷 중독은 피할 수 없는 습관이 아니었다. 알람시계가 우리를 침대 밖으로 끌어내지 못하듯, 그녀의 충동 역시 그녀가 온라인에서 몇 시간을 허비하도록 만들 수는 없다. 알람시계가 울린 이유는 그렇게 설정되어 있기 때문이었다. 유용한 조기 경보 시스템의 일부인 몸속 알람시계는 그저 제 역할을 한 것뿐이다.

라라가 충동에 이끌려 행동할 때마다, 혹은 충동을 진실이라고 믿고 숭배할 때마다 충동은 점점 더 힘이 세졌다. 충동은 또 다른 충동으로 이어졌고, 여러 충동들이 만들어낸 거부할 수 없을 것 같은(하지만 결코 불가능하지는 않은) 복합적인 힘은 그녀를 감정적으로, 육체적으로 한계까지 밀어붙였다. 그러나 라라가 충동에 굴복하지 않을 수 있게 되었을 때, 충동은 생각에 불과하다는 사실을 깨닫고 알람시계와 동일시할 수 있게 되었을 때, 그래서 머릿속이 조용해질 때까지 한 걸음 물러서서 기다릴 수 있게 되었을 때, 마침내 충동은 힘을 잃기 시작했다.

라라가 자신의 충동에 불을 지폈든, 묵살했든, 어쨌든 충동은 결국 사라졌다. 무엇도 영원하지 않다. 그 어떤 생각도, 기분도, 감각도, 혹은 충동도 영원할 수 없다.

라라가 자신의 충동을 설정에 따라 울리는, 그녀가 일일이 대응할 필요 없는 알람이라고 생각하게 되면서 모든 게 달라지기 시작했다. 그리고 풀리지 않을 것 같던 습관의 매듭도 풀리기 시작했다.

라라를 괴롭히던, 그녀가 스스로를 탓하게 만들던 일련의 사건들은 더 이상 같은 모습으로 나타나지 않았다. 충동이 발생하는 횟수 자체도 줄었다. 라라가 더 이상 패닉에 빠지거나 충동에 힘을 더해주지 않자, 습관은 점점 사라져갔다. 그리고 더는 충동에 굴복하지 않아도 된다는 사실이 그녀를 안심하게 했다.

우리의 충동 역시 라라의 충동과 다르지 않다. 우리 모두와 마찬가지로 그녀 역시 지식도, 특별한 자질도, 변명거리도 가지고 있지 않았다.

우리가 경험하는 충동은 우리의 하부 뇌가 그동안 학습한 대로 방출한 신호에 불과하다. 충동은 알람시계와 크게 다르지 않다. 한 가지 다른 점이 있다면, 충동은 적극적으로 다가가 행동해야 할 대상이 아니라 한 걸음 물러서서 습관을 떨쳐낼 수 있도록 우리에게 주어진 기회라는 사실이다.

7장

그 목소리는 당신의 것이 아니다

제레미의 불안증 이야기

제레미에게는 자꾸 어떤 목소리가 들렸다. 그가 일에 몰두해 하루를 평범하게 시작하려고 마음먹는 순간 그 목소리가 들려오기 시작했다. 가끔 그 목소리는 대단히 직설적이었다. 그 목소리는 "모은 돈이 한참 부족하잖아"라든가 "너무 편하게 지내지 마. 무슨 일이 생길지 모를 일이잖아?"라고 말하기도 했다. 그 목소리는 언젠가 빈털털이로 전락한 제레미가 혼자 다리 밑에서 처량하게 잠들 가능성이 크다며 예고도 없이 정통으로 펀치를 날리기도 했다.

또 어떤 때는 조용히 다가오기도 했다. 하지만 그 목소리는 대단히 음흉하고 미묘하게, 제레미가 눈치 채지 못하는 사이에 의식 속으로 스며들어 이내 그를 두려움으로 가득 채웠다.

"대학 때 룸메이트였던 빌이 얼마나 잘 하고 있는지 좀 봐." 그 목소리는 제레미의 인생이 엉망진창이라는 듯 비난하기도 했고, "우와, 베스 새 차 뽑았네! 정말 멋지다"라고 말하며 제레미가 자신과 남을 비교하고 절망하도록 만들기도 했으며, "옆 건물에서 얼마 전에 정리해고가 있었다던데?"라고 말해 제레미의 일자리 역시 안전하지만은 않음을 넌지시 경고하기도 했다.

제레미는 똑똑하고, 건실하며, 합리적인 인재였다. 머리로는 그도 두려워할 건 아무것도 없다는 사실을 알았다. 게다가 설령 실직을 하거나 저축한 돈이 바닥난다 하더라도, 계속 걱정만 하는 건 상황을 악화시킬 뿐이라는 사실 역시 잘 알고 있었다. 생각이 상대적으로 차분할 땐 그도 이런 걱정을 지속할 이유를 찾지 못했다. 실제로 객관적으로 봤을 때도 그와 같은 걱정을 하는 것 자체가 미친 짓이었고 전혀 합리적이지 못한 행동이었다.

하지만 그 두려운, 다리 밑 노숙자로 전락한 자신의 모습을 상상할 때면 제레미는 공포로 얼어붙곤 했다. 상상이 너무 생생하고 두려운 나머지 그의 추론 능력이 완전히 무너질 정도였다. 그 목소리가 들리기 시작하면 평소에는 일어날 것 같지 않던, 비합리적인 것처럼 보였던 상상이 이내 그가 당면한 미래처럼 느껴졌다. 그 순간 공포가 제레미를 장악했다. 그러다 얼마간의 시간이 흐른 뒤 머릿속이 맑아지고, 생각이 열어지고 나면 제레미는 정신을 차리고 침착하게, 보다 합리적으로 현실을 볼 수 있게 되었다.

제레미는 혼란스러웠다. 침착하고 자신감 넘치다가도 진짜처럼 들리는 목소리에 겁을 집어먹고 한순간 겁쟁이로 돌변하는 자신의 모습에도 겁이 났다. 그건 다리 밑의 노숙자가 되는 상상만큼이나 겁나는 일이었다. 그가 도움을 구하기 위해 나를 찾아왔을 때 그는 자신의 재정 상황뿐만 아니라 정신건강까지 우려하고 있었다. 한낮의 불빛 아래에선 그토록 터무니없어 보이던 두려움이 어떻게 그를 그렇게까지 압도할 수 있었을까?

"내 머릿속을 하루 종일 내달리는 생각들을 좀 들여다봐주세요." 그가 말했다. "노이로제에 걸릴 지경입니다! 한순간 괜찮았다가 1분 만에 갑자기 '미래를 보장하기 위해서는 뭔가 해야 한다'는 생각이 밀려오죠. 무엇이 진실이고 무엇이 거짓인지 어떻게 알 수 있을까요?"

이야기를 이어가면서 한 가지 명백해진 게 있었다. 제레미가 그 목소리들에 의미를 부여하고 있었다는 사실이다. 그는 자신의 생각에 대해 끝도 없이 생각했다. 하지만 그렇게 하면 누구라도 혼란에 빠질 수밖에 없다. 제레미는 그 두려운 목소리가 머릿속에 계속 들리는 건 이유가 있기 때문이라고 짐작했다. 재정 상태가 문제가 아니라면, 그의 정신건강에라도 문제가 있어서라는 것이었다.

내게는 그 혼란의 이유가 명확히 보이는데, 당신은 어떤가? 우리는 모두 혼란스러운 생각이 머릿속을 내달리는 경험을 한 적이 있다. 이 목소리들은 같은 말을 반복하거나, 서로를 반박한다. 그래서 그 이야기가 어디에서 시작됐는지, 결론은 무엇인지 알 수 없다.

제레미뿐만 아니라 우리 대부분이 쉽게 놓치는 사실이 한 가지 있다. 그건 그를 패닉으로 내몬 목소리가 제레미의 것이 아니라는 것이다. 그가 들었던 목소리는 그의 목소리가 아니다. 게다가 그 목소리가 전한 경고는 전혀 유용하지 않다. 그 목소리가 한 말 중 믿을 만하거나, 의미 있거나, 진실이었던 것은 하나도 없다. 그 목소리는 그의 습관에 대한 생각일 뿐이었는데, 이 생각은 종종 '중독성 있는 목소리Addictive Voice'라고도 불린다(트림피, 1996).

습관에 불을 지피는 그 목소리의 정체

'중독성 있는 목소리'는 습관을 대변하는 생각의 목소리라고 할 수 있다. 행동 습관의 경우, 습관적 행동을 하거나 충동에 굴복하는 것이 좋은 생각이라고 말하는 목소리가 중독성 있는 목소리에 해당한다. 생각 습관의 경우 맑은 생각으로 들여다봤을 땐 과장된, 혹은 거짓임이 분명한 습관적이고 고통스러운 생각의 패턴이 중독성 있는 목소리다. 제레미의 경우 습관은 그에게 자신의 재정 상태가 심각한 상황이라고 믿게 만들었다. 그 목소리는 중독성 있는 목소리였다.

인간은 행복하고 평화로운 상태를 가장 자연스러운 상태라고 느낀다. 그 행복을 가로막는 유일한 요인은 생각으로 이루어진 주관적이고 습관적인 패턴이며, 우리는 종종 그 생각 속에서 길을 잃곤 한다.

영적 원리에 대한 탐구는 진실과 중독성 있는 목소리를 쉽게 구분할 수 있게 해준다. 간단하게 설명하자면, 생각으로 인해 고통이 생겼다면, 그 고통은 객관적으로 봤을 때 진짜가 아니다. 고통을 유발한 생각이나 내면의 목소리는 편향되어 있으며, 거짓된 생각이다.

중독성 있는 목소리는 우리가 절대로 습관에서 벗어날 수 없으니, 시도조차 하지 말라고 말한다. 그 목소리는 "이번 한 번은 괜찮아"라든가 "내일부터 완전히 새로 시작할 수 있어"라든가 "저번에도 잘 안 됐는데 지금이라고 잘 되겠어?"라고 말하길 좋아한다.

제레미의 경우 그 목소리는 이렇게 경고했다. "안심하지 마. 아직 안전하지 않아. 한순간에 끝날 수도 있다고. 그럼 길거리에 바로 나앉는 거야." 제레미의 중독성 있는 목소리는 할 수 있는 한 많은 돈을 감춰두라고 그를 충동질했다. 그리고 그가 돈을 쓸 때마다 그를 꾸짖었다. 또한 그 목소리는 자신의 경고를 진지하게 받아들이라고 경고했다. "이 두려운 기분이 거짓이라고 날 무시하고 싶겠지. 하지만 곧 후회하게 될 거야."

제레미처럼 누구나 머릿속이 뒤죽박죽 혼란스러워질 수 있다. 그 두려움이 현실이 될 가능성은 거의 없다는 사실을 깨닫게 될 때마다 그 목소리가 다시 나타나 걱정하지 않는 지금이 바로 스스로를 위험에 빠뜨리는 순간이라고 경고했다. 제레미는 한순간도 입을 다물지 않는 모순적인 목소리와 함께 살고 있었던 것이다.

중독성 있는 목소리, 즉 습관을 부추기거나 변화를 향한 노력을 좌절시키는 생각에 대해 우리가 깨닫게 될 한 가지 가장 중요한 진실은, 이 목소리가 그저 스쳐 지나가는 생각일 뿐 진짜 자신의 것이 아니라는 것이다.

3장에서 우리는 마치 이중인격자라도 된 듯 속수무책으로 혼란을 느끼는 기분에 대해 이야기했다. 일시적이고 끝없이 변화하는 생각이 홍수처럼 불어났을 때, 그 물살에 순간적으로 휩쓸린 게 마치 '나'인 것처럼 느껴지는 것이다.

당신은 언제나 그곳에 있다. 어딘가로 휩쓸려 가버리지도, 가버릴 수도 없다. 하지만 당신이 타고난 건강은 때로 수많은 생각에 가려 눈앞에서 사라지기도 한다. 중독성 있는 목소리 역시 그 생각의 일부다. 앞서 언급했던 날씨 비유를 다시 떠올려보자. 중독성 있는 목소리를 비롯해 모든 생각은 하늘을 흐리는 구름, 폭풍이다. 그리고 건강하고 습관으로부터 자유로운 당신의 본성은 맑은 하늘이다. 날씨는 원래 오락가락하고, 때때로 소란을 피우기도 하지만 언제나 자기 교정 능력을 발휘한다. 날씨는 스스로 왔다 가고, 아무리 거대한 폭풍도 절대 하늘 자체에 영향을 줄 수는 없다.

고통스러운 생각, 충동, 중독성 있는 목소리가 '나'의 목소리가 아니라는 사실을 받아들일수록, 혼란스럽고, 모순적이며, 해로운 생각이 '나'의 것이 아니라는 사실을 깨달을수록, 중독성 있는 목소리를 별것 아닌 것으로 치부하기가 쉬워진다.

당신은 중독성 있는 목소리를 알아채는 인식awareness이다. 당신은 그것의 목격자이자 충동과 내적 갈등을 겪는 의식이지 충동이나 내적 갈등 자체가 아니다.

우리가 믿어야 하는 건 중독성 있는 목소리가 아니다. 그건 중독성 있는 목소리일 뿐이지 우리 자신의 목소리가 아니기 때문이다. 마치 그 목소리를 절대 벗어날 수 없을 것만 같은 기분이 들어도, 그 목소리는 우리의 머릿속을 떠다니는, 스쳐 지나가는 일시적인 생각에 불과하다.

사실 제레미도 걱정할 것 없다는 사실을 알고 있었다. 그 역시 걱정이 자신에게 긍정적으로 작용하거나, 그를 보호해주지 않는다는 사실을 알고 있었다. 제레미의 문제는 단순한 오해에서 비롯되었다. 제레미가 그 두려운 목소리를 심각한 것으로 받아들인 것이다. 그 목소리는 언제나 그와 함께해왔고, 아주 오랫동안 확고하게 곁을 지켰기 때문에, 그 안에 일말의 진실이 있을 게 분명하다고 믿었던 것이다. 제레미는 그 목소리가 어떤 면에서는 '그 자신을' 반영한다고 믿었다.

그 목소리가 제레미에게 영향을 미칠 수 있었던 이유는 그가 그 생각과 목소리를 어느 정도 진지하게 받아들였기 때문이다. 하지만 그 목소리가 제레미에게 실제로 해를 가하는 유일한 방법은 제레미가 그 목소리에 의미를 부여해 중요한 것으로 여기는 것뿐이다.

자유

제레미가 중독성 있는 목소리와 생각에 대해 알면 알수록 더 큰 자유가 찾아왔다. 생각은 언제나 오고 가며, 떠오르는 모든 생각에 관심을 쏟거나, 그 생각을 믿거나, 혹은 따를 필요가 없다는 사실에 대한 이해가 깊어질수록, 제레미는 목소리가 저들끼리 떠들 동안 한 걸음 물러서서 관망할 수 있게 되었다.

그는 점점 더 자기 자신과 인식, 의식을 동일시하기 시작했다. 그래서 스스로 생각이 되기보다 자신의 생각을 목격자의 입장에서 바라볼 수 있게 되었다. 중독성 있는 목소리가 습관에 물든 뇌의 '의견'일 뿐 그의 의견이 아니라는 사실을 깨우칠수록 그 목소리는 힘을 잃었고, 물리치기도 훨씬 쉬워졌다.

한번 무시당한 목소리는 이전만큼 자주 찾아오지 않았다. 완전히 사라진 건 아니지만 목소리가 찾아오는 빈도도, 강도도 줄었다. 무엇보다도 그 목소리에 대한 제레미의 반응과, 목소리와 그 자신의 관계가 변화했다.

중독성 있는 목소리가 무해하다는 사실을 볼 수 있었기 때문에, 그 목소리가 자신에게 소리를 지르건 말건 그건 이제 제레미에게 별로 중요하지 않았다. 물론 목소리가 완전히 조용한 편이 더 좋았지만, 그와 같은 생각을 인지할 때마다, 생각을 완전히 초월할 수도 있었다.

제레미는 혼란이 찾아올 때마다 이를 자신이 생각 속에서 길을 잃었다는 신호로 보기 시작했다. 만약 명확성이 그의 본성이라면, 혼란은 일순간 머무르는 생각일 뿐이었다. 그는 자신이 어떻게 하면 소득을 안정화시키고 더 많은 돈을 저축할 수 있을지 고민하며 두려움에 빠져 허우적대고 있음을 알아차렸을 때, 그 생각에 몰두하는 대신 한 걸음 물러서서 자신의 공포를 목격했다. 두려움은 여전히 존재했지만, 두려움의 실체를 더 잘 알게 된 것이다.

이와 같은 관점을 갖게 되자 두려움은 더 이상 이전처럼 그를 장악하지 못했다. 제레미는 그 두려움을 중독성 있는 목소리이자 습관의 발현으로 보았고, 그 결과 충동을 묵살하기가 훨씬 쉬워졌다.

요즘도 재정 상태에 대한 두려움이 가끔 수면 위로 고개를 들긴 하지만, 전처럼 영향을 미치지는 못한다. “믿지 못하실 겁니다.” 우리의 마지막 상담에서 그가 내게 고백했다. “이제 그런 두려움이 찾아오길 기다릴 정도라니까요. 그 목소리가 얼마나 간절하고 다급한지 우습기까지 하죠. 이제 난 그 목소리가 오래된, 도움 안 되는, 습관적인 생각일 뿐이라는 사실을 압니다. 그 목소리가 들려오면 어쩐지 감사하는 마음이 들어요. 내가 지금까지 얼마나 멀리 왔는지 알 수 있으니까요."

한때는 고통과 혼란을 주던 무언가가 감사와 행복의 원천으로 뒤바뀐 사례는 극히 드물 것으로 생각하겠지만, 사실은 누구나 그런 경험을 할 수 있다. 제레미가 할 수 있다면, 당신도 할 수 있다.

8장

모든 생각은 일시적이며 순간적이다

순간순간의 경험들이 쌓여 삶이 된다. 그 중에는 자신과는 별개의 것으로 느껴지는 경험도 있다. 천둥번개가 치고, 독감에 걸리고, 모기에 물리는 등의 경험을 하지만 그 중 어느 것도 '나'를 보여주지 않는다. 내 주변에서, 몸 안에서, 혹은 나를 상대로 생긴 일일 뿐이다.

어떤 경험들은 내부에서 일어나는 듯한 기분을 준다. 어느 것이 경험이고 어느 것이 나인지 또렷하게 선을 그을 수도 없다. 머릿속을 스치는 생각들, 느껴지는 감정들, 묵살하거나 굴복한 충동들이 그렇다. 이 같은 경험 역시 천둥번개가 치는 것이나 모기에 물리는 일만큼이나 나와 무관하다. 그럼에도 그 경험들을 자신과 동일시하게 된다면, 그건 그 경험이 마치 나의 내부에서 발생한 것처럼 보이기 때문이다. 하지만 '나'는 내가 내적, 외적으로 겪는 경험의 목격자일 뿐이다.

나의 모든 경험은 순간적이다. 나는 경험이 아니고, 경험은 내가 아니며, 그 어떤 경험도 오래 지속되지는 못한다. 경험은 순간 지나간다. 내가 어떤 경험을 알아챌 때쯤이면 그 경험은 이미 변화하고 있다.

나의 삶을 이루는 이 꾸준한 경험의 물줄기는 마치 강과 같다. 새로운 생각, 감정, 그리고 여러 경험들은 언제나 나를 향해 흘러왔다가 흘러간다. 강의 근원이 무엇인지에 대한 답은 심리학이나 인간의 영역을 넘어서는 것이다. 인간의 물리적 경험은 삶의 비물리적이며 영적인 측면에 그 근원을 둔다.

때때로 강물이 수변에 튀는 일도 있다. 그러나 강변으로 넘쳤던 물은 언제나 강으로 다시 돌아간다. 수원에서 나와 수원으로 돌아가는 물은 끝없이 흐른다. 그 어떤 파도가 밀려와도, 그 파도 아래에 가라앉은 물은 본디 잔잔하고 맑다. 생각, 감정, 경험의 파도 그 밑에 자리한 나의 본성 역시 차분하고 맑으며, 언제나 평화롭고 명확하다.

생각이 모든 것이고, 모든 것이 생각이다

우리는 수없이 다양한 경험을 하지만 실은 그 모든 경험은 생각에 뿌리를 두고 자란다. 보고 느끼는 것에서부터 듣고 맛보는 것까지, 모든 경험은 생각을 통해 온다. 다시 말해, 생각이 매 순간 무엇을 경험할지 결정한다는 것이다.

우리의 경험이 얼마나 개인적이고 주관적인지 그 실체를 들여다보고 나면 내 말이 사실임을 알게 될 것이다. 같은 영화, 같은 노래를 보고 들어도 서로 다른 두 사람은 전혀 다른 경험을 한다. 또한 완전히 동일한 상황에 대해서도 그 둘은 전혀 다른 반응을 보인다. 우리는 자신의 생각을 통해 모든 것을 경험하고, 생각은 객관적 현실을 반영한 것처럼 보이는 삶이라는 사진을 만들어낸다.

이 진실을 직접 깨닫고 싶다면, 생각이 변할 때마다 경험이 어떻게 바뀌는지 눈여겨보자. 식탁에 둘러앉아 저녁식사를 하고 있는데 여동생이 어떤 못된 웨이터들은 고객의 음식에 침을 뱉기도 한다며 그에 대해 자세히 이야기한다. 그 얘기를 듣고 나니 갑자기 음식이 맛없게 느껴진다. 음식은 변하지 않았는데 생각이 음식에 대한 다른 경험을 만들어낸 것이다.

어떤 영화에 몰입해 있다고 가정해보자. 사랑스러운 남자 주인공이 죽어가는 장면에서 눈물이 막 흐르려고 하는데 뒷좌석 어딘가에서 갑자기 휴대전화 벨소리가 울리면 당신의 생각도 그 즉시 변한다. 갑자기 이건 영화일 뿐이라는 생각이 들고, 그토록 강렬했던 감정도 사라지고 만다.

어떤 종류가 되었든, 외적 '현실'을 우리가 직접 경험하는 일은 없다. 인간은 자신을 둘러싼 세상으로부터 감각정보를 얻고, 몸속 만화경은 그 정보를 활용해 '인생'이라는 이름의 그림을 한 장 그린다. 이게 바로 지구에 발을 디딘 모든 인류가 자신만의 독특한 현실을 경험하는 방법이다.

밤에 꾸는 꿈은 낮 시간 동안 떠올린 생각에 대한 훌륭한 은유를 제공한다. 꿈을 꾸는 동안 우리는 자신의 내면세계를 경험한다. 그 내면의 세계는 외부의, 물리적 세계와 일치하지 않는다. 우리의 생각은 꿈속에서 나타난 일련의 이미지와 경험을 마치 현실인 것처럼 투사한다. 하지만 물리적 세상 속 우리는 침대에 누운 채 곤히 잠들어 있다.

꿈속에서 우리는 두려움과 기쁨, 혼란을 느낀다. 우리는 깨어 있을 때와 마찬가지로 형형색색의 화려한, 마치 현실 같은 이미지들을 본다. 상상 속 악당을 발로 차는 순간 터질 듯한 심장으로 땀을 흘리며 잠에서 깨기도 한다. 꿈에서 깨어나 이 모든 게 그저 꿈이었다는 사실을 알게 되기 전까지 이 경험들은 마치 현실처럼 느껴진다. 그 순간 우리는 꿈이란 건 생각이 만들어낸 경험일 뿐이라는 사실을 깨닫게 되고, 여전히 맴돌던 꿈의 잔상들은 마침내 사라진다.

깨어 있는 동안에도 삶은 정확히 같은 방식으로 형성된다. 그러나 이번엔 잠들지 않고 깨어 있기 때문에, 그리고 사물을 중심으로 돌아가는, 유형의, 정교한 세계에 살고 있기 때문에, 우리는 마치 경험이 자신을 둘러싼 세상의 직접적인 결과물처럼 느낀다.

직장동료의 무례한 언사 때문에 기분이 상한 것처럼 느껴져도, 습관에 또다시 굴복했다는 사실이 절망감을 안기는 것 같아도, 사실 우리의 기분이 외부 세상에서 발생한 일의 직접적인 결과였던 적은 없다. 그건 애초에 불가능한 일이다. 진실은 이렇다. 우리는 언제나 생각을 하며, 생각을 하는 동안 그 생각을 느낀다. 우리가 직접 경험할 수 있는 유일한 것은 머릿속을 끝없이 흐르는 생각뿐이다.

우리는 동료의 말이나 나 자신의 습관과 주위 환경을 직접 느낄 수 없다. 우리가 느끼는 건 그에 대한 자신의 생각일 뿐이다. 그렇다는 건 그 어떤 외적 요소도 우리가 어떤 행동을 하도록 '만들 수'는 없다는 의미이기도 하다. 충동은 우리를 습관의 나락에 떨어뜨리지 못한다. 스트레스 받는 상황은 우리의 습관을 수면 위로 끌어올리지 못한다. 오직 습관을 촉발하는 충동(생각)에 굴복하는 일만이 우리가 습관적인 행동을 하게 만들 수 있다. 습관이 습관이 되는 유일한 이유는 머릿속을 지나는 생각들을 자신의 방식으로 받아들이기 때문이다.

정말 좋은 소식 아닌가? 그 어떤 외적 요인도 우리가 습관에 빠져들게 만들지 못한다. 따라서 우리가 바꾸거나 피해야 할 것은 아무것도 없다. 습관이 과거에 있었던 사소한 일이 되기 위해 필요한 유일한 변화는 관점의 변화, 즉 통찰력을 얻는 것뿐이다.

새로운 생각

생각의 강은 언제나 흐르고 있고, 경험은 매 순간 변한다. 따라서 새로운 생각을 갖는 것 역시 언제나 가능하다. 새로운 생각 하나로 우리의 경험은 극적으로 변할 수 있다.

강의 흐름을 바꾸는 것만큼이나 생각을 통제하는 일 역시 녹록치 않다. 하지만 애초에 생각을 통제할 필요가 없다면? 오래 묵은 생각들이 계속해서 씻겨 내려가고, 새로운 생각으로 대체되는 것을 보기 위해서는 기다리기만 하면 된다. 그러면 우리의 경험도 따라서 변화할 것이다.

생각은 생각일 뿐이다. 좋을 것도, 나쁠 것도, 해롭거나 유용할 것도 없는, 개인적인 것도 아니고, 나의 것도 아닌 그저 생각일 뿐이다. 어디에서 왔는지 알 수 없는 생각은 불쑥 우리의 머릿속에 나타난다. 머릿속에 떠오른 생각이 우리가 만들어낸 것은 아니라는 점과 우리가 스스로 생각을 통제할 수 없다는 점을 생각하면, 그 누구도 생각에 관한 소유권을 주장할 수 없다. 그렇지 않은가?

늘 온갖 생각이 우리의 머릿속을 흘러간다. 그리고 그 생각들은 매 순간 우리의 경험을 만들어낸다. 하지만 그렇다고 해서 통제해야 하거나, 바꿔야 할 것은 아무것도 없다. 그 생각들은 모두 순간 지나치는 생각일 뿐이니 그토록 심각하게 받아들일 이유도 없다. 그 생각을 만든 게 '나'는 아니지 않은가. 그건 '나의' 생각이 아니다. 그저 생각일 뿐. 그 생각을 취할 수도, 버릴 수도 있다. 생각을 버리기로 결정했다고 해도 우리가 해야 할 일은 아무것도 없다. 생각이 우리를 떠나갈 테니까.

생각의 강을 가로막는 통나무 더미

생각은 본래 비영구적이며 비개인적이다. 언제나 이동하고 변화한다. 그렇다면 우리의 경험도 생각과 궤를 같이해야 하는 것 아닌가? 하지만 늘 그렇지는 않다.

아는 게 많아서 생각도 많은 어른들은 생각의 강이 흐르지 않도록 통나무 더미를 띄워 강의 흐름을 막곤 한다. 그러나 아무리 곰곰이 생각해봐도 앞이 꽉 막힌 것 같은 기분이 든다. 특히 습관에 관해서라면 우리는 동일한 경험을 몇 번이고 반복한다. 미처 깨닫지 못하는 사이에 전혀 의도치 않게 우리는 자신의 경험이 진화하지 못하도록 그 앞을 가로막고 선다. 머릿속에 떠오른 생각에 대해 생각할 때 그런 현상이 벌어지는데, 그때마다 우리는 답답함을 느낀다.

『빙 휴먼』(2013)에서 설명했듯, 아이들은 생각의 자연스러운 흐름을 보여주는 훌륭한 예다. 어른과 마찬가지로 아이들 역시 생각을 경험한다. 하지만 아이들은 생각에 대해 생각하지 않는다. 아이들의 생각은 그 무엇의 방해도 받지 않고 자연스럽게 왔다가 간다. 나는 각각 세 살, 다섯 살이 된 내 아이들이 하루 종일 빠르게 지나가는 생각의 사이클을 경험하는 것을 지켜본다. 아들은 화를 내고 짜증을 부리다가도 몇 분만 지나면 언제 그랬냐는 듯 노래를 부르며 신나게 논다. 딸은 남동생에게 다시는 같이 놀지 않겠다고 선언한 뒤 얼마 지나지 않아 뭣 때문에 화가 났었는지 금세 잊고 동생을 찾아 집안을 헤맨다.

아이들의 기분이 빠르게 회복되는 이유는, 그들이 생각에 대해 생각하지 않기 때문이다. 그들을 돌보는 어른들과 달리 아이들은 자신의 짜증에 대해 판단하지 않는다. 그래서 아이들은 자신이 느낀 기분을 느낀 뒤 바로 털어버릴 수 있다. 아이들은 자신의 기분이 지속되길, 안정적이길, 혹은 변치 않길 바라지 않는다. 그래서 기분이 요동치고 시시각각 변화한다 해도 아이들에게는 전혀 문제 될 일이 없다. 아이들이 기분의 변화를 전혀 문제 삼지 않기 때문에 기분은 아무런 문제도 일으키지 않고 왔다가 간다.

생각은 우리 안에서 자라나며, 그 중에는 우리가 거의 신경 쓰지 않는 생각과 대단히 주의 깊게 지켜보는 생각이 있다. 우리는 매일 우리를 지나가는 수십만 가지의 생각에 전혀 주의를 기울이지 않고 그냥 흘려보낸다. '지금 몇 시지?', '저 셔츠 예쁘네', '강아지 산책 시킬 시간이다'와 같은 생각은 한순간 우리의 주의를 끌었다가 다음 순간 사라진다. 사라지는 생각은 새로운 생각이 들어설 수 있도록 길을 열어 준다.

'저 사람이 방금 나를 위아래로 훑어본 거야?'나 '담배 피우고 싶다'와 같은 생각들 역시 별다른 관심을 끌지 못한 채 그냥 지나갈 수도, 아니면 계속해서 반복적으로 곱씹히다가 결국 행동으로 이어질 수도 있다.

이와 같은 관점에서 들여다보니, 어떤 생각은 손에 꽉 움켜쥔 채 진실이라고 믿어버리고 다른 생각들은 알아차리지도 못한 채 흘려버리는 건 너무 제멋대로인 행동 같지 않은가?

특정한 생각이나 행동이 습관으로 자리 잡은 사람과, 그렇지 않은 사람 사이의 차이는, 습관을 가진 사람이 다른 사람에 비해 특정한 생각에 양분을 제공하고, 진지하게 받아들이고, 그 생각에 따라 행동한다는 것이다. 그게 전부다.

앞서 3장에서 남자친구의 마음을 끊임없이 확인해야 했던 재키의 사례를 소개했다. 재키처럼 당신도 가끔 연인이 자신에 대해 어떻게 생각하고 있을지 궁금할 때가 있을 것이다. 하지만 그 생각이 재키의 머릿속으로 흘러들었을 때 그녀는 그 생각을 그저 지나가는 생각이 아니라 진실이라고 받아들였다. 그 생각에 몰두하고, 생각이 시키는 대로 행동하면 할수록 그 생각은 더 큰 힘을 얻었다. 하지만 그와 같은 생각이 우리를 스치면, 대부분은 그 생각을 그냥 흘려보낸다. 머릿속에 떠오른 생각을 받아들이고 그 생각과 교감하는 방식이 생각이 우리에게 영향을 미치게도, 재키의 경우처럼 습관으로 자리 잡게 만들기도 한다.

'당장 인터넷을 켜! 어떤 가십거리가 있는지 찾아보자!'라는 생각이 머릿속에 떠올랐을 때 라라에게 일어난 일과(6장), 동일한 생각이 떠올랐을 때 당신이나 내게 일어날 일 사이에는 '생각에 관한 생각'이 존재한다. 그 생각을 얼마나 주의 깊게 바라볼 것인지, 얼마나 심각하게 생각할 것인지가 그 차이를 결정하는 것이다.

폭식증에 시달릴 때 '그만큼은 다 먹어 치울 수 있잖아!'와 같은 단순한 생각이 내게는 감정적으로 호소하는 강력하고, 끈끈한 덫처럼 느껴졌다. 마치 그 생각이 내게 압박을 가하는 것처럼 느꼈고, 생각의 목소리에 복종해야 할 것만 같았다. 하지만 이제는 완전히 달라졌다. 그때의 감정과 압박은 사라졌다. 생각은 그저 생각일 뿐이니까. 그 생각에 따르든 따르지 않든, 둘 중 무엇을 선택하더라도 생각은 결국엔 사라지고 새로운 생각으로 대체된다. 재키도, 라라도, 그리고 나도 더 이상 오래된 습관의 노예가 아니다. 주관적이며 순간적인 생각의 본질을 들여다본 우리는 미래의 언젠가 되었든 그 습관에 다시 사로잡힐 일은 없을 것이라는 확신을 가지게 된 것이다.

이 깨달음이 우리의 습관에 대해 말하는 것

생각의 본질을 보게 된 이상, 생각을 꽉 쥐고 있던 당신의 손도 느슨해질 수밖에 없다. 당신의 습관은, 언제나 그랬듯 앞으로도 잇따라 찾아오는 순간적인, 당신을 스쳐 지나는 생각에 불과할 것이며, 그 생각이 당장에 아무리 합당하고, 안정적이며, 행동으로 옮길 만한 가치가 있어 보인다 하더라도 그 사실은 변하지 않는다.

경험의 강이 흐르도록 놔두면 강은 자연스럽게 흘러간다. 물론 그 과정에서 조류도 만나고, 바위도 만날 것이다. 의도치 않게 강물을 막아세우는 통나무 더미도 띄우게 될 것이다. 인간은 원래 그렇다. 하지만 경험이 어떻게 작동하는지 더 깊이 이해하면 할수록, 그 통나무 더미의 개수도 줄어든다.

어느 시점엔가는 자신의 습관을 꿰뚫어볼 수도 있게 된다. 그리고 습관은 당신의 내면에서 발생한 생각으로 말미암은 경험일 뿐이라는 사실도 서서히 깨닫게 될 것이다. 습관에 뛰어들지 않고도 습관을 관찰할 수 있다. 습관으로 인해 상처받지 않고도 습관을 경험할 수 있다.

그러면 곧 복잡하게 엉켜있던 실타래가 풀리듯, 복잡한 습관의 사이클도 느슨하게 풀리기 시작한다.

9장

의지력은 답이 아니다

사람들은 습관을 떨쳐내기 위해 원칙과 의지력을 활용한다. 하지만 그건 쉬운 일이 아니다. 의지에는 자원이 든다. 기분이 꽤 괜찮아야 하고, 지원이 필요할 때 끌어다 쓸 에너지와 집중력도 비축되어 있어야 한다. 피곤하거나, 배가 고프거나, 슬프거나, 혹은 충동에 시달리느라 에너지가 소진되었을 때 의지를 끌어올리는 건 쉽지 않다.

하지만 좋은 소식이 있다. 그보다 더 쉬운 방법이 있다는 것.

습관이 기세를 떨치는 이유는 생각을 행동으로 옮기라고 부추기는 충동 때문이다. 계속해서 충동에 굴복하면, 충동은 더 자주, 더 강하게 찾아온다. 그러다 보면 이제 한 걸음 물러서서 충동이 사라지길 기다리는 것보다 충동에 따르는 게 더 익숙해진다.

충동에서 벗어나려면 해결책은 하나다. 충동의 진실을 들여다보는 일 뿐이다. 충동이 날리는 감정적, 신체적 펀치에도 불구하고 변하지 않는 사실은, 충동이 순간 왔다가 사라지는 경험일 뿐이라는 것이다. 충동만으로는 우리는 어떠한 해도 입지 않는다. 충동은 행동을 요구하지 않는다. 충동을 경험하면서도 아무것도 하지 않으면, 충동은 자연스럽게 사라진다.

습관은 타고나는 것이 아니다. 우리에게 습관은 자연스럽지 않다. 습관은 우리가 떠오른 생각을 이해하고 생각에 따라 행동하는 과정에서 자신도 모르는 사이에 만들어낸 인공물일 뿐이다. 이런 관점에서 충동을 바라보면, 습관을 형성하고 유지해온 주범이 바로 '생각'임을 알 수 있다.

습관은 우리가 이해한 자기 자신의 생각이 형상화된 것이라고 할 수 있다. 유일한 문제는 그 생각을 바라보고, 이해하고, 그에 따라 행동한 우리의 방식뿐, 습관은 그저 결과에 불과하다.

의지력이란 무엇인가?

의지력 역시 생각이다. 원래의 생각을 뒤집어엎기 위한 시도 끝에 생겨난 사후의 생각이 의지력이다. 의지력을 발휘한다는 것은 문제를 벗어나기 위한 방법을 고심하고 있다는 뜻이다. 하지만 그 문제는 애초에 생각으로 인해 발생한 것이다. '결과적으로 총체적 난국이 아닌가' 하는 생각이 든다면, 당신이 맞다. 정작 당신에게 필요한 건 생각을 덜어내는 일이건만, 의지력에 의존하기 시작하면 생각은 점점 쌓여만 간다.

식습관을 건강하게 바꾸려고 노력 중인데, 당신에게 도넛을 먹는 습관이 있다고 생각해보자. 당신의 도넛 습관은 다른 모든 습관과 마찬가지로 생각으로 인해 생겨났다. 더 건강한 식습관을 가지고 싶어 하면서도 그렇게나 많은 도넛을 먹는 이유는 생각(충동)이 도넛을 먹으라고 부추기기 때문이다. '지금 당장 도넛을 먹고 싶어 죽겠어'라는 생각을 하는 순간 당신은 그 생각이 진실이라고 믿는다. 그 목소리는 너무나 강렬하고, 의미 있는 것 같고, 절대 사라지지 않을 것 같다. 도넛 생각이 사라지길 기다리거나, 더 건강한 옵션을 위해 도넛을 포기하는 건 있을 수 없는 일이며, 시도한다 해도 그 과정이 대단히 불쾌할 게 분명하다.

도넛 충동을 거부하기 위해 의지력을 발휘한다면, '지금 도넛 하나 먹으면 딱 좋겠는데'라는 생각을 인지한 뒤, 그 생각을 덮어버릴 만한 다른 생각을 떠올려야 한다. '그렇긴 해도 분명 나중에 후회할 거야!'라든지 '아니, 그 도넛 안 먹을 거야. 넌 도넛보다 더 강해! 할 수 있어'

라든지 말이다.

의지력을 통한 접근의 가장 큰 허점은, 아무리 새로운 생각을 쌓아 올린다 해도 원래의 생각이 사라지지 않는다는 데 있다. 실제로는 그와 정확히 반대되는 일이 발생한다. 덮어버리려던 생각은 큰 관심과 저항을 만나 더욱 강해진다. 여러 신경과학 연구에 따르면, 우리가 어떤 생각에 주의를 기울일수록 그 생각은 더욱 활성화되고 강해진다. 예를 들어, 도넛에 대한 생각에 몰두하면, 애초에 그 대상에 대한 생각을 발생시킨 신경 점화가 증가한다. 이 이론은 이 책이 특히 근거로 삼고 있는 연구의 한 단면으로, 우리가 충동이나 생각을 묵살할 때, 즉 특정 대상에 대한 주의를 거두어들일 때, 그 생각을 발생시킨 신경 점화가 줄어드는 것으로 나타났다.

생각 억제에 관한 연구 역시 동일한 결과를 입증했다. 연구자들은 참가자들에게 특정한 주제(예컨대 흰곰)에 대해 생각하지 말라고 요청한 뒤 이들을 관찰했다. 과연 어떤 일이 벌어졌을까? 연구 참가자들의 머릿속은 온통 흰곰에 대한 생각으로 가득 찼다. 흰곰에 대해 생각하지 말라는 요청을 받은 참가자들은 그 생각이 떠오르는 것을 막거나, 떠오른 생각을 멈추기 위해 흰곰에 대한 생각이 지나갈 때마다 오히려 그 모든 생각에 집중했다. 과학자들은 이와 같은 현상을 '역설적 검색 과정Ironic Monitoring Process'이라고 칭했는데, 역설적이게도 무언가를 떠올리지 말라는 요구는, 그 특성상 그에 대해 더 많은 생각을 떠올리게 하기 때문이다(베그너, 1989).

처음에 떠오른 도넛 생각에 저항하거나, 혹은 그 생각을 억제하려는 노력은 오히려 기름에 바삭하게 튀긴 그 동그란 고리 모양의 빵에 대한 관심을 크게 끌어올리고 만다. 그리고 이미 커져버린 생각은 사라지는 게 아니라 계속해서 머릿속을 맴돈다.

의지력을 통한 접근의 두 번째 문제는 다음과 같다. 즉 우리가 원치 않는 생각을 억누르거나 새로운 생각으로 덮어버리려고 시도하는 이유가, 생각이 그 자체로 해롭거나 위험하다고 여기기 때문이라는 데 있다는 것이다. 지금까지 이 책에서 계속해서 강조해온 바와 같이, 그건 사실이 아니다. 생각 자체는 우리를 해할 수 없다. 생각을 통해 우리가 만들어내는 결과물이 위험할 수는 있어도.

하지만 우리가 어떤 생각을 경험하든 그 생각은 언젠가는 스스로 사라지게 되어 있다. 과거를 돌아봤을 때, 어떤 생각이나 감정에 영구적으로 갇혀버린 적은 없었을 것이다. 인간의 모든 경험은 일시적이다.

생각이 일시적이고 스스로 교정하는 능력을 갖추고 있다면, 생각을 쫓아버리거나 더 많은 생각을 통해 그 생각을 이기려는 시도 자체는 애초에 말이 안 된다. 그건 마치 날씨를 바꾸려고 시도하는 것과 같다. 오늘 날씨가 어떠하든, 날씨는 결국 변하기 마련이다. 겨울이 아무리 혹독해도 봄은 언제나 다시 찾아온다. 봄이 오게 하기 위해 우리가 해야 할 일은 없을 뿐더러, 할 수 있는 일도 없다. 원한다고 날씨를 바꾸지 못하듯, 원한다고 생각이나 감정을 곧장 바꿀 수는 없는 일이다. 물론 노력을 통해 기분 전환을 해낼 수 있을 때도 있겠지만, 경험을 조작하려는 노력은 종종 역효과를 불러일으키곤 한다.

원치 않는 생각 또는 충동을 억제하기 위해 의지력이나 동기 부여를 활용하게 되면 자신의 의도와는 달리 원래는 아무 힘도 없던 처음 생각이 힘으로 가득 차고 만다. 실제로는 우리가 억눌러야 할 힘은 없다. 왜냐하면 애초에 힘 같은 건 없었기 때문이다. 만약 있었다 해도 그건 우리가 스스로의 생각에 사로잡혀 있다는 경고를 해주는 힘이었을 것이다. 어쨌든 다행스럽게도 이 '문제' 역시 자기 교정 능력을 가지고 있다.

도넛에 대한 생각을 있는 그대로 받아들이면 상황은 훨씬 쉬워진다. 즉, 그 생각은 '나'를 반영한 것도, '나의' 생각도 아닌, 습관적이고 일시적인 경험에 불과하다는 사실을 왜곡 없이 받아들이는 것이다. 이 같은 통찰력은 생각을 무기력하게 만든다. 그리고 힘의 원천을 박탈당한 충동은 스스로 사라진다.

의지력을 통한 접근의 세 번째 허점은, 의지력을 발휘하는 데는 대단히 많은 에너지와 집중력이 필요하기 때문에 의지력을 일관적으로 유지할 수 없다는 것이다. 충동에 사로잡힌 와중에 새로운 생각을 떠올려 주의를 분산시키는 데 드는 노력을 생각해보면 알 수 있다. 게다가 그 노력이 효과를 발휘한다 해도, 효과는 그때뿐이다. 도넛에 관한 생각을 한 번은 무시할 수 있겠지만, 그러기 위해서는 엄청난 정신적, 감정적 에너지를 들여야 하고, 그 과정에서 의도치 않게 도넛에 대한 생각에 온통 주의를 빼앗기기도 한다. 결국 정신적으로, 감정적으로 모두 소진되어버린 당신이 미래에 도넛에 대한 생각을 더 많이 하게 될 가능성은 높아졌다. 반대로 다음번 충동이 찾아왔을 때 의지력이 남아 있을 가능성은 높지 않다.

의지를 발휘하는 데 노력이 필요하다는 건, 언젠가는 의지력이 고갈될 수도 있다는 뜻이기도 하다. 신체적, 정신적, 감정적으로 최고의 컨디션이 아닐 때, 의지를 끌어올리기란 대단히 어려운 일이다. 이때 의지력을 발휘하는 데 큰 역할을 하는 상부 뇌는 한발 물러서고 하부 뇌가 결정권을 쥐게 된다. 아이러니한 건, 우리에게 의지력이 가장 필요한 순간에 의지력이 남아 있을 가능성이 아주 낮다는 것이다.

의지력과 원칙을 지속적으로 활용하는 접근법에 대해 이야기할 때 당신이 떠올릴 만한 질문 중 "그게 효과가 있습니까?"보다 더 중요한 질문은 "그래서 내가 궁극적으로 원하는 게 뭘까요?"다.

물론 우리는 습관으로부터 자유를 되찾고 싶다. 하지만 그 과정에서 어떤 대가를 치를 수 있는가? 궁극적으로 우리는 자유롭고 싶다. 강박으로부터, 충동으로부터 자유를 원한다. 몸과 마음을 건강하고 스스로에게 도움이 되는 방식으로 활용할 자유를 누리고 싶다. 무엇보다도 인생을 온전히 즐길 자유를 원한다. 우리가 진짜 원하는 건 그런 것 아닌가?

그렇다면 더 치열한 투쟁은 답이 될 수 없다. 더 치열한 투쟁은 우리의 자유를 향한 열망을 지지하지 않는다. 종국에 우리는 투쟁하지 않을 자유도 원하게 될 테니까 말이다.

자유는 새로운 진실에 눈을 뜬 순간 찾아온다.

발레리의 걱정병 이야기

발레리는 그저 아이들을 걱정하는 수준이 아니었다. 발레리는 자녀가 아프거나, 친구들에게 따돌림 당하거나, 기이한 사고를 당하는 등 아이들이 등장하는 가능한 거의 모든 시나리오를 상상해내는 데 어마어마한 시간을 소비했다. 하지만 그녀의 상상 속 그 어느 것도 실제로 일어난 적은 없었다. 게다가 발레리의 아이들이 살고 있는 세상은 발레리의 상상 속 이미지들과 전혀 관계가 없었고, 현실에 발레리에게 그와 같은 상상의 여지를 주는 요인이 존재하는 것도 아니었다. 이 걱정들은 발레리의 머릿속을 습관적으로 흘러가는 생각일 뿐이었다.

우리가 생각에 사로잡힐 때 종종 그러하듯, 발레리도 한편으로는(그녀의 지혜) 사실을 잘 알고 있었다. 그러나 습관에 사로잡힌 그녀의 일부는(그녀의 현재 생각) 그 사실을 신경 쓰지 않았다. 걱정에 근거가 있든 없든 간에 어쨌든 걱정을 하기로 마음먹었기 때문이다.

한편 진실을 더 잘 알고 있는 발레리의 일부도 나름 스스로 상황을 바꿔보기 위한 행동을 취했다. 물론 그녀는 맨 먼저 의지력의 힘을 빌려 문제 해결을 시도했다. 그게 도움이 될 거라고 생각했기 때문이다. 그러나 우리 대부분이 그렇듯 발레리 역시 '걱정으로 가득 찬 생각은 그녀가 고치거나 바꿔야 하는 것이 아니라는 사실'을 보지 못했다.

그래서 발레리는 자신의 의지력을 믿어보기로 했다. 각종 재앙으로 점철된 시나리오가 두려움을 자아내 발레리의 머릿속을 마비시켰을 때, 그녀는 생각의 근거를 찾아내기 위해, 고통스러운 생각으로부터 벗어날 동기를 찾기 위해, 생각에 맞서 싸우기 위해 할 수 있는 모든 노력을 동원했다.

'발레리, 이런 생각은 할 필요도 없어!' 그녀는 두려움보다 더 큰 목소리로 자신을 다독여보았다. '아이들은 괜찮아. 봐! 지금 아무 문제도 없다고.' 하지만 이미 두려움에 압도당한 나머지 금세 동력을 소진하고, 걱정의 길로 들어서기 시작한 발레리에게 그와 같은 다짐은 설득력이 없었다.

'저기 봐! 증거가 있잖아.' 두려움을 이기려 논리를 동원하기도 했다. 어떨 땐 이 같은 시도가 도움이 됐지만 이미 두려움에 사로잡힌 상황에서 논리는 아무 짝에도 쓸모없었다.

의지력으로 마음의 평화를 찾으려던 발레리의 순진한 노력은 결국

수포로 돌아갔다. 걱정은 그 자체로 지치는 일이었다. 거기에 걱정을 떨치기 위한 동기 부여 요인까지 찾아야 했던 발레리는 금세 녹초가 되고 말았다. 게다가 두려움을 떨치는 데 집중하다 보니 오히려 두려움은 발레리의 의식 속에서 더욱 생생해져갔다.

하지만 발레리도 마침내 새로운 방법에 눈을 뜨게 되었다. 나와 함께 답을 찾는 과정에서 발레리는 자신의 두려움이 의미 없고 습관적인, 인간이기에 겪는 경험일 뿐이라는 사실을 서서히 보기 시작했다. 아이들에 대한 끔찍한 상상을 개인적으로 받아들일 필요도, 의미를 부여할 필요도 없다는 깨달음은 그녀에게 상상도 할 수 없었던 자유를 선사했다. 그 걱정은 그녀가 귀 담아 들어야 할 메시지를 담고 있지도, 취해야 할 행동에 대한 암시를 담고 있지도 않았다. 그저 생각에 불과할 뿐 그 이상도 이하도 아니었던 것이다. 심지어 '그녀의' 것도 아니었다. 그건 그냥 발레리를 자주 찾아오는 원치 않는 익숙한 생각으로, 자주 왔기 때문에 언젠가 또 올 것이라고 예상할 수 있는 생각일 뿐이었다. 하지만 그 생각이 떠오를 것이라고 생각하면 할수록 실제로 그 생각은 더 자주 찾아왔다.

발레리는 그 걱정들을 그녀가 또다시 상상에 빠져 있다는 경고 신호로 활용하는 법을 배웠다. 그리고 자신이 어떻게 생각의 힘을 활용해 상상력에 스스로 날개를 달아주었는지에 대해서도 인지하게 되었다. 발레리는 두려움이 떠올랐을 때 아무것도 하지 않는 일을 점점 편하게 느끼게 되었고, 덕분에 자신의 시간과 에너지를 전에 없이 자유롭게 활용할 수 있었다. 발레리는 두려운 생각들에 대해 아무것도 하지 않으면 않을수록, 두려움이 찾아오는 빈도가 줄어든다는 아이러니도 깨닫게 되었다. 결국 두려움은 점점 더 빨리, 저절로 사라졌으며 두려움이 찾아오는 빈도도 서서히 줄었다.

몇 달 지나지 않아 발레리는 자녀에게 일어날 법한 일에 대한 상상으로 두려움에 사로잡혔던 게 언제인지 기억나지 않을 정도로 두려움이 줄었다고 말했다. 지금도 두려운 생각이 그녀의 머릿속에 흘러들 때가 종종 있지만, 그 생각은 결국 닳고 닳은 습관일 뿐이었다. 발레리가 그 생각의 존재를 무시하면 할수록, 생각의 존재감은 점점 옅어졌고, 이내 생각 자체가 줄었다. 모두 발레리가 의지력은 제쳐두고 생각을 쫓아버리려는 노력 자체를 포기했기 때문에 가능한 일이었다.

발레리가 두려움을 지나가는, 무력한 생각으로 보기 시작하자 더는 의지력을 동원해 억누를 대상 자체가 존재하지 않게 된 것이다.

10장

생각은 모두 사라진다

지금쯤이면 잘 알게 되었겠지만, 충동은 습관적이며 감정적인 생각이다. 충동이 습관성을 띄게 되는 이유는, 과거에 충동이 행동으로 이어졌고, 강화되었으며, 충분한 관심과 의미를 부여 받았기 때문이다. 덕분에 하부 뇌는 충동 마일리지를 엄청나게 쌓아 올릴 수 있었다.

하지만 (몸속 도마뱀의 관점에서 봤을 때) 한 가지 문제가 있다. 충동의 진실에 대해 깊이 들여다보게 되는 순간, 충동은 힘을 잃게 된다는 것. 애초에 충동이 가졌던 '힘'이 환상이었기 때문이다. 사실 충동은 단 한 번도 힘을 가졌던 적이 없다.

몸속 도마뱀

3장에서 하부 뇌와 상부 뇌의 차이에 대해 설명했다. 가장 초기의, 원시적인 양서류에게도 존재했다는 이유로 양서류의 뇌, 또는 '몸속 도마뱀'이라고도 불리는 하부 뇌는 가장 기초적인 기능을 수행하는, 기계에 가까운 뇌 영역이다. 하부 뇌는 마치 알람시계와 같아서, 생각 없이 습관적으로 패턴을 반복한다. 하부 뇌는 패턴과 습관을 차곡차곡 모아 습관에 붙은 불씨를 유지하기 위해 투쟁한다. 그 이유 중 하나는 하부 뇌가 습관이 생존에 필수적이라고 믿기 때문이다. ('나' 역시 습관을 지속하는 데 기여한 바가 있을 수 있는데, 습관 덕분에 잠시나마 기분이 나아졌다고 느꼈기 때문이다.)

충동을 생성해내는 데에는 특화되어 있을지 모르나, 하부 뇌에는 그 습관을 행동으로 옮기는 능력은 없다. 의사 결정과 복잡한 근육의 움직임에는 상부 뇌의 정교한 능력이 필요하다. 다시 말하자면, 충동이 아무리 강해도, 몸속 도마뱀이 아무리 고집을 부리고 충동을 발생시켜도, 하부 뇌 혼자서는 충동을 행동으로 옮길 수 없다는 것이다. 그러나 우리의 뇌가 무슨 일을 꾸미고 있든지 상관없이 우리에게는 학습을 통해 원할 때면 언제든 꺼내 쓸 수 있는 지혜가 있다.

뒷좌석에 앉아 훈수를 두는 사람에 대한 은유가 기억나는가(3장 참고)? 운전대를 잡은 게 나 자신이라면, 그 누가 아무리 큰 소리로 신호를 무시하라고 소리쳐도, 실제로 내가 신호를 위반하도록 만들 수는 없다. 물론 괴롭고 무기력해질 수 있다. 하지만 그건 그 시나리오를 바라보는 나의 시각 때문에 느끼는 감정일 뿐이다. 내내 통제권은 나의 손에 있다. 신호를 무시하고 달릴지 멈춰 설지는 내가 결정할 일이다. 하부 뇌는 뒷좌석에 앉아 있을 뿐 운전대는 지혜와 상부 뇌의 주인인 '나'의 손에 있다.

폭식 습관이 과거의 일이 되었을 때 나는 몸속 도마뱀이 일하는 모습을 상상해보곤 했다. 팔다리가 없는 비늘 투성이의 초록색 도마뱀이 커다란 메가폰을 들고 있는 모습이 그려졌다. 내 도마뱀은 시끄러운 녀석이었다. 도마뱀이 만들어낸 충동은 나를 사로잡았고, 시야를 좁혔으며, 과호흡을 유발했다. 심지어 주의력을 장악해 내가 음식을 찾아내는 데만 집중하게 만들었다. 당시 나는 그가 한시도 쉬지 않고 내게 말을 거는 것처럼 느꼈다. "오늘 폭식하게 될 거라는 거 알지? 어차피 할 거니까 지금 해버려"라든가 "넌 한 박자 쉬어갈 필요가 있어. 폭식이 훌륭한 도피처가 되어줄 걸?" 등의 말을 속삭였다. 도마뱀은 종종 다급하게 직설적인 명령을 내리기도 했다. "당장 가게로 가! 끝장을 내버려!" 도마뱀의 목소리가 들려오지 않을 땐 식욕을 그냥 물리쳐버릴 수 있었다. 사실 도마뱀의 목소리에 휘둘리는 동안에도 내내 지혜가 저기 어딘가에서 내가 진짜로 원하는 건 먹는 게 아니라고 상기시켜주려 한다는 걸 느낄 수는 있었다.

몸속 도마뱀이 고래고래 소리치며 불만을 토하는 모습을 상상했는데, 팔다리가 없는 도마뱀은 기동성도 없었다. 도마뱀은 사납게 굴었지만 실제로 녀석이 할 수 있는 건 아무것도 없었다. 자신의 명령이나 위협에 대해 뭔가를 할 수 있는 능력이 말 그대로 없었던 것이다. 당신의 도마뱀도 마찬가지다.

선택

몸속 도마뱀이 명령만 내릴 줄 알지 실제로는 아무 행동도 취하지 못한다는 사실을 인지하기 전까지는 그의 명령이 대단히 설득력 있고 불길하게 느껴진다. 그와 같은 생각이 떠오를 때마다 무기력함을 느끼기도 하는데, 그건 우리가 결국 그 생각에 굴복하게 될 거라고 스스로 믿고 있기 때문이다. 그 목소리들은 점점 우리 자신보다 강해지고 커지는 것처럼 보인다.

하지만 그건 정말 흥미로운 발상 아닌가? "그 목소리들은 점점 우리보다 강해지고 커지는 것처럼 보인다"라니. 그 목소리는 당신이 아니다. 당신이 그 목소리를 경험하는 것을 보니 당신도 그 목소리가 아니다. 별개의 독립체로서 당신과 충동이 각자 존재하는 것이다.

마침내 통찰력을 얻고, 충동을 행동으로 옮기는 유일한 방법은 우리가 (스스로의 지혜와 상부 뇌를 통해) 그 행동을 취하기로 결정하는 것이라는 사실을 보게 되었을 때, 모든 게 달라지기 시작한다. 충동이 즉시 사라지거나 하는 건 아니다. 물론 충동으로 인한 고통이 곧장 사라지는 것도 아니다. 그와 같은 경험은 여전할 것이다. 단지 충동을 새로운 조명 아래서 보게 될 뿐. 아마 내가 그랬듯 팔다리가 없는 도마뱀이 메가폰을 들고 있는 모습을 보게 될지도 모른다. 당신의 일부가 그 충동의 원인을 새로운 방식으로 볼 수 있게 되는 것이다. 이제 우리는 스스로의 생각과 몸속 도마뱀을 있는 그대로, 즉 시끄럽지만 무력한 존재로 보게 된다.

우리가 자발적으로 취하는 행동의 책임은 전적으로 상부 뇌에 있다. 뒷좌석 운전자가 우리의 발을 엑셀 위로 옮겨 놓지 못하듯, 하부 뇌 역시 우리가 습관적인 행동을 하도록 만들지 못한다. 심지어 우리가 재키처럼 남자친구에게 계속 사랑을 확인받아야 하거나, 제레미처럼 재정 상태에 대한 생각으로 패닉에 빠지거나, 발레리처럼 아이들에게 일어날 법한 일들에 대한 상상으로 공포에 질리는 정신적인 습관을 가졌더라도, 몸속 도마뱀의 고함을 듣다 보면 온통 말뿐인 그의 실체를 볼 수 있다. 도마뱀의 목소리는 시끄럽지만 무력한, 속 빈 강정 같은 위협일 뿐이며, 멋대로 자라난 상상에 불과하다.

우리가 의식 속에서 자라는 생각이나 명령에 지분이 없는 경우에도 그 생각에 복종할지 여부는 스스로가 결정할 수 있다. 신경과학자들은 어떤 생각에건 거부권을 행사할 수 있는 우리의 능력을 가리켜 '자유 비의지free won't'라고 부른다. 충동(혹은 생각)의 존재는 우리가 상관할 바 아니다. 자유의지로는 어떤 생각을 떠오르게 할지 결정할 수 없으니까 말이다. 하지만 그 충동을 존중하거나 행동으로 옮기겠다는 선택은 일견 우리에게 달려 있다. 우리에게는 복종하지 않을 자유가 있다.

충동이 얼마나 시끄럽고 성가신지 여부와 상관없이 그 충동을 행동으로 옮길지 여부는 지혜, 그리고 상부 뇌와 손잡은 우리가 내리는 것이다. 우리에게 통제권이 있다는 사실을 아직 온전히 보지 못했을 때, 선택의 여지가 없는 것처럼 느껴지기도 한다. 하지만 언제나 선택은 우리의 몫이다.

목 쉰 도마뱀

세상의 어떤 생각이나 충동도 우리를 직접 움직여 무언가를 하게 할 수 없다는 사실을 알게 되면 모든 게 달라진다. 몸속 도마뱀의 위협이나 명령은 더는 우리에게 아무런 해를 끼치지 못하며, 일시적으로 왔다가 사라지는 생각에 불과하다는 사실도 깨닫게 된다.

몸속 도마뱀에게 쏟던 관심을 줄일수록 녀석은 빠르게 목소리를 잃어간다. 그런 면에서 메가폰을 든 팔다리 없는 도마뱀은 떠돌이 고양이를 닮았다. 그 목소리를 존중하고, 굴복하고, 합리화함으로써 배를 불려줄수록 도마뱀은 더 자주 나타난다. 마찬가지로 실제로는 무력한, 스쳐 지나는 생각에 불과하므로 그 목소리에 관심을 가질 필요가 없다는 사실을 보게 될수록 도마뱀의 출연 빈도는 줄어든다.

충동을 묵살하면 할수록 충동은 더 빠르게 사라진다. 한 가지 당부하고 싶은 점은 충동을 묵살하는 데 실패했더라도 스스로 압박감을 느낄 필요가 없다는 사실이다. 충동은 어쨌거나 사라질 테니까 말이다. 모든 것은 결국 사라지고 변한다. 그 어떤 경험도 영원할 순 없다.

습관 한 꺼풀 아래에 숨겨진 진짜 나의 모습을 기억하는 것만으로도 충동이나 생각, 감정을 개인적으로 받아들이지 않을 수 있게 된다. 지금까지 여러 차례 반복해서 강조했지만, '나'와 나의 충동, 생각, 감정은 동일한 존재가 아니다. 그것들은 내 안에서 발생하는 경험일 뿐이다. 내가 목격하거나 관찰하는 대상일 뿐, 그것들이 나인 건 아니다.

우리는 그들을 목격할 수 있는 능력을 가진 의식이다. 우리는 충동을 비롯한 모든 인간 경험이 발생하는 공간일 뿐 건강하고, 명료하며, 생각으로부터 자유롭다.

충동이 왔다가 가는 모습을 지켜볼 줄 아는 '나' 안에 자리를 잡고 앉은 채, 충동이 만들어내는 경험이 그저 자연스럽게 흐르게 놓아두자. 그 일시적인 경험은, 우리가 알아차릴 때쯤이면 이미 사라져버린 후

일 것이다.

몸속 도마뱀이 분노로 졸도하는 모습을 지켜보고, 고함치는 목소리를 듣다 보면 그 목소리는 저절로 사라진다. 결국은 그렇게 된다.

11장

충동에 굴복하지 않을 때

마리오의 도박 이야기

한때 마리오는 온라인 포커 게임에 대한 강한 충동에 시달렸다. 나를 만나기 바로 전 해에 그는 거의 4만 5,000달러를 도박으로 날렸다고 했다. 마리오의 도박 습관이 계속됐던 유일한 이유는, 그가 계속해서 충동에 따랐기 때문이다. 충동 자체는 문제가 아니었다. 충동은 그 자체로 힘을 가질 수 없다. 충동은 팔다리 없는 몸속 도마뱀이기도, 빨간 신호를 무시하고 달리라고 소리치는 뒷좌석 운전자이기도 하다.

만일 마리오가 자신의 충동이 무력하다는 사실을 들여다볼 수 있었다면 그토록 많은 돈을 도박에 탕진하지는 않았을 것이다. 하지만 그

대신 마리오는 대다수의 사람들이 그렇듯 충동의 강력함에만 주목했다. 폭발하는 에너지, 쌓여가는 긴장감, 엄습해오는 패닉, 그리고 잘못을 되돌려야 한다는 조급함까지. 긴장을 해소하고 기분을 개선하기 위해서라면 그는 무슨 일이든 할 수 있을 것 같았다. 그리고 아주 오랜 시간 동안 마리오가 아는 방법은 단 한 가지뿐이었다. 충동에 복종하고 도박을 하는 것.

충동에 굴복할 때마다 마리오의 신경회로가 강화되었는데, 신경회로의 역할은 습관을 지원하는 것이었다. 충동에 따름으로써 마리오는 자신의 하부 뇌에 계속 충동을 보내라고 명령한 셈이었고, 그가 충동에 굴복하면 할수록 하부 뇌는 더 많은 충동을 내보냈다.

변화

그러나 마리오는 아무리 강한 충동도 결국 스스로 사라질 일시적인 생각일 뿐이라는 사실을 통찰력을 통해 볼 수 있게 되었다. 그리고 자신에게도 선택권이 생겼음을 느끼기 시작했다.

선택권을 갖게 되자 마리오는 전처럼 자주 충동에 굴복하지 않았다. 즐겨 찾던 카지노에 가거나 포커 웹사이트에 접속하고 싶은 충동을 여전히 경험하고, 종종 충동에 따라 행동하긴 했지만 말이다. 하지만 그렇지 않은 때엔 충동이 지나가길 기다렸고, 그때마다 충동은 늘 사라졌다.

충동에 굴복하는 횟수가 줄면서 마리오가 가장 먼저 깨닫게 된 것 중 하나는, 충동의 양상이 조금 달라졌다는 점이었다. 충동은 여전히 존재했지만 전처럼 그를 완전히 장악한 것 같은 느낌을 주지는 않았다. 충동에 사로잡힌 듯한 기분도 줄었다. 갑자기 그와 충동 사이에 거리감이 생긴 것이다.

마리오의 충동은 점점 그 강도와 빈도가 약해지다가, 결국 더 이상 문제가 되지 않는 수준에 이르렀다. 그리고 어느 시점이 되자 충동은 완전히 사라졌다. 굴복할 충동이 사라지자, 습관도 사라졌고, 그렇게 마리오의 도박 문제는 끝이 났다. 그렇다고 해서 그가 향후에 어떠한 충동도 경험하지 않을 것이라는 건 아니다. 다만 중요한 사실은 충동에 대한 그의 이해가 달라지자 경험도 달라졌다는 것이다.

더 이상 충동에 굴복하지 않고 주의를 기울이지 않으면 어느 시점부터인가 충동은 더 이상 나타나지 않는다. 그 순간이 언제, 어떻게 찾아오는지는 사람마다 다르다. 하지만 중요한 사실은 우리가 충동을 해롭지 않은, 순간적인 생각으로 여길수록 충동을 물리치기가 쉬워진다는 것이다. 충동에 굴복하지 않을수록 충동은 힘을 잃게 되고, 결국 충동을 경험하는 횟수도 줄어든다.

마리오가 건강하고 습관으로부터 자유로운 자신의 본 모습과 생각의 본질을 보지 못한 채, 원칙을 세우거나 의지력을 발휘하는 것만으로 충동을 다스리려 했다면, 그 과정에서 발생한 스트레스로 인해 또 다른 습관을 갖게 되었을 가능성이 높다. 그와 같은 방식으로 이 습관 저 습관을 전전하는 사람 한둘쯤은 모두 알고 있지 않은가. 그들은 이 책이 전하려는 깊은 진실을 보지 못하기 때문에, 겁에 질린 채로 한 습관에서 벗어나자마자 다른 습관으로 뛰어드는 악순환의 고리에 빠져들게 된다.

머릿속이 차분할 때 기분 역시 평화롭고 안정된다는 사실을 이해하면, 한 습관을 떨쳐내면서 새로운 습관으로 옮겨가는 일을 방지할 수 있다. 우리의 현재 습관은 우리가 가지고 있는 특정한 생각이나 행동과는 관련이 없다. 문제는 내면에서 생성된 불편(즉, 생각)을 해소하기 위해 행동을 택할 때 발생한다. 사실 그때 우리가 해야 할 일은 한 걸음 물러서서 생각이 스스로 차분히 가라앉기를 기다리는 것뿐이다.

뇌의 가소성

뇌는 대단히 효율적인 장기다. 하부 뇌는 일단 패턴과 습관이 형성되고 나면 그걸 지키기 위해 싸운다. 습관이 상대적으로 짧은 시간 내에 자리 잡는 이유가 바로 이것이다. 폭증하는 신경화학물질과 만난 습관은, 충동에 굴복하는 행동으로 인해 강화되고, 그때 습관을 유지하는 데 필요한 동력도 마련된다.

하지만 그렇다고 해서 동력이 변할 수 없는 건 아니다. 우리는 영적 에너지(우주적 사고)다. 그리고 그 에너지는 신체기관과 신경회로를 지배한다. 모든 살아 있는 생명체는 순수하고 무한한 잠재력을 그 근원으로 삼기 때문에, 우리의 뇌는 깊은 평화와 행복을 경험하는 데 필요한 우리 자신의 능력에 영향을 미치지 못한다. 그 '에너지의 결정체'는 모든 걸 가능하게 한다. 물론 인식의 변화나 이해의 변화 역시 가능하다.

신경과학의 영역에서도 변화는 언제나 가능하다고 말한다. 도입부에서 우리는 머릿속에서 일어나는 행동, 즉 우리가 무엇을 생각하는지, 어느 것에 관심을 쏟는지에 따라 실제로 뇌가 물리적 변화를 일으킨다는 '자기 지시적 신경가소성'의 개념에 대해 간단히 다루었다. (샤론 베글리는 2007년 저서 『달라이 라마, 마음이 뇌에게 묻다Train your mind, change your brain』를 통해 이 연구의 놀라운 결과를 제시했다.)

과학자들은 우리의 뇌가 과거에 알려졌던 것보다 훨씬 가변적이며 '가소성이 있다plastic'는 사실을 발견했는데, 신경가소성neuroplasticity이라는 용어도 여기에서 유래했다. 신경가소성의 극단적인 예로, 우리 뇌는 한 영역에서 발생한 손실을 보상하기 위해 변화를 일으킨다. 예를 들어, 뇌졸중을 경험한 사람의 경우, 손상되지 않은 나머지 뇌 영역이 손상된 영역이 담당하던 일까지 처리하기 시작하는 것이다. 훨씬 일상적인 수준에서도 우리 뇌는 동일한 가소성을 발휘한다. 의식적으로 어떤 것에 특히 집중하기로 결정을 내리거나, 아니면 충동을 무시하기로 선택한 경우, 어떤 것에 집중하지 않기로 결정을 내리는 것만으로도 뇌의 신경 구조는 변할 수 있다.

다시 말해, 충동에 따르지 않기로 결정하면 뇌 안의 동력이 변화하고 뇌도 변화 태세를 취한다는 것이다. 2002년에 제프리 슈와츠와 샤론 베글리가 강박장애 환자들을 대상으로 진행한 연구에서 그들은 환자들의 뇌 스캔을 활용했는데, 이 뇌 스캔은 자발적 주의력 전환self-directed shift in attention 덕분에 환자들이 충동에 굴복하지 않았고, 그 결과 뇌에서 충동의 힘이 약해졌다는 사실을 보여주었다. 강박장애 환자들의 뇌에서 강박 증상을 담당하던 영역의 신경 구조가 물리적으로 달라진 것이다. 시간이 지남에 따라 환자들이 충동과 강박증을 겪는 횟수가 줄었고, 충동의 강도 역시 약해져 결국 마지막엔 굴복할 충동 자체가 사라졌다. 굴복할 것이 남지 않으니 습관은 더 이상 그들의 삶에 영향을 미치지 못했다.

충동이 존재하지 않을 때, 한때 습관이었던 행동을 다시 하게 되는 유일한 이유는 바로 우리의 자유의지다. 물론 우리는 의도적으로 그 행동을 다시 취할 수 있다. 하지만 의도가 개입한 이상 그 행동은 더 이상 습관이라고 할 수 없다. 더는 충동에 따라 행동하지 않게 될 때, 습관은 사라진다.

여러 차례에 걸쳐 강조해왔지만 한 번 더 말하자면, 이와 같은 결과에 이르기까지 모든 개인은 저마다 다양하고 독특한 과정을 거친다. 개중에는 통찰력을 얻게 된 순간 모든 것이 달라진 것 같은 경험을 하는 사람들도 있다. 하지만 대부분은 자신의 습관에 대해 이해해나가는 데 조금 더 시간이 걸리곤 한다. 나와 함께한 대다수의 고객들과 내 경우에는 통찰력은 실로 갑자기 찾아왔지만, 깨달음에 행동을 맞춰가는 데는 그보다 오랜 시간이 걸렸다. '폭식 충동은 내가 가진 문제가 아니며, 그 충동에 굴복할 필요가 없다'는 사실을 깨닫는 건 순간이었지만, 습관적인 행동이 사라지기까지는 다소 오랜 시간이 걸린 것이다. 그 과정 중 한동안은 종종 충동에 굴복하게 되기도 했다. 그러나 그때도 기분은 전과 같지 않았다. 더 이상 충동에 장악당한 것 같은 기분은 없었다. 폭식은 내 선택이라는 사실을 깨닫게 된 이후, 폭식 충동은 과거보다 훨씬 약해졌다.

모든 사람은 각자 다른 경험을 한다. 하지만 모두에게 공통으로 해당되는 한 가지가 있다. 충동에 힘이 없다는 사실을 인지하고 더 이상 굴복하지 않으면, 충동은 곧 변하기 시작한다. 힘이 없는 충동에는 그 충동을 유지할 신경 에너지 역시 주어지지 않는다. 어떻게, 언제, 그리고 얼마나 오래 걸리는지에 개인차가 있을 뿐이다.

마리오의 뇌를 촬영해 뇌 스캔을 얻은 것은 아니지만, 그의 뇌에 물리적 변화가 일어났다는 사실을 입증하기 위해 꼭 뇌 스캔이 필요한 건 아니었다. 물론 마리오도 증거를 확인할 필요성을 느끼지 않았다. 그가 자신의 도박 충동이 무력한 생각에 불과하다는 사실을 깨닫게 되었을 때, 더 이상 두려워하거나, 존중하거나, 혹은 굴복해야 할 것은 없다는 사실을 알게 되었을 때, 그는 전만큼 자주 충동에 굴복하지 않게 되었다. 마리오가 도박 충동에 굴복하기를 멈추자 충동 역시 변화했다. 충동은 더 약해졌고, 이전보다 덜 빈번하게 찾아왔으며, 묵살하기가 훨씬 쉬워졌다.

나와 함께한 지 거의 18개월이 지난 지금, 마리오는 충동이 완전히 사라졌다고 말한다. 여전히 도박 생각이 가끔 머릿속을 스치긴 하지만, 과거에 마리오를 사로잡았던 것과 같은 강렬함은 없다고 했다. 충동이 무력한, 순간적인 생각에 지나지 않는다는 사실을 알게 되었을 뿐만 아니라, 그 사실을 직접 체감하게 된 것이다. 지난 몇 달 동안 마리오는 단 한 번도 강렬한 도박 충동을 느끼지 않았다.

다시 한 번 말하지만, 그렇다고 해서 마리오가 앞으로도 충동을 겪지 않을 것이라는 말은 아니다. 언제든 충동을 경험할 수 있다. 하지만 이제 충동을 새로운 시각에서 볼 수 있게 되었기 때문에, 미래에 마리오에게 어떤 충동이 찾아오든 그가 충동을 행동으로 옮기게 될 가능성은 적다. 그는 이제 한 걸음 물러서서 충동이 자연스럽게 오고 가기를 기다릴 줄 안다. 그리고 통찰력 있는 깨달음 덕분에 그 과정은 전보다 훨씬 쉬워졌다.

생각하지 않으면 저절로 사라진다

12장

머릿속을 울리는 사운드트랙을 의식하라

하부 뇌(몸속 도마뱀)는 꽤나 끈질긴 녀석이기도 하다. 하부 뇌의 목소리를 묵살하는 과정이 그토록 혼란스럽고 어려운 이유도 여기에서 찾을 수 있다.

생각해보자. 하부 뇌는 토씨 하나 틀리지 않고 같은 말을 반복하는데, 당신에게는 그 목소리가 마치 자신의 것처럼 들린다. 하지만 그건 당신이 그와 같은 생각을 인지하기 시작했기 때문이다. 심지어 머리로는 잘 알고 있을 때도, 하부 뇌가 끊임없이 반복하는 헛된 약속들(인생의 역경을 피할 수 있게 도와주겠다, 순식간에 기분이 좋아질 수 있다 등)은 대단히 설득력 있게 들린다. 때문에 습관에 물든 생각과 당신의 진짜 욕구를 구분하는 것 자체가 어려워진다.

하지만 아이러니하게도 바로 그 연속성이 습관을 부추기는 생각들을 손쉽게 알아차리게 해주는 지표이기도 하다. 충동의 정체를 파악하고 나면, 그때부터는 충동을 진실 혹은 현실로 인지하기보다 그저 생각으로 인지하게 되며, 충동에 굴복해 생각을 행동으로 옮기는 빈도도 줄어든다.

충동에 사로잡히지 않고 그저 경험할 수 있다면, 당신에게도 이제 자유가 찾아온 것이다.

몸속 도마뱀이 자주 하는 말

습관을 고착화시키는 생각들은 예측이 가능하다. 즐겨 듣는 플레이리스트에 자동재생 설정된 곡들을 떠올려보면 이해하기 쉽다. 이 호소력 짙은 음악들은 몇 번을 다시 들어도 매번 설득력 있게 들리지 않는가.

마사 벡은 2008년 그의 저서 『인생의 방향 잡기Steering by Starlight』에서 몸속 도마뱀이 하는 얘기는 얼마나 예측이 쉬운지 금세 포착할 수 있게 된다고 말한다. 덕분에 그와 같은 생각들을 '신경학적 쓰레기'로 분류해 묵살할 수 있다(한센, 2011). 벡은 독자들로 하여금 내면의 도마뱀이 좋아하는 '즐겨찾기 목록'을 작성할 것을 추천한다. 하부 뇌가 보내는 특정한 메시지들을 더 빨리 인지하면 할수록, 그 메시지와 '나'를 혼동하거나, 그 메시지들을 심각하게 받아들일 가능성이 줄어들고, 결국 메시지를 무시하기도 쉬워진다는 것이다.

일리가 있는 말 같다. 그렇지 않은가? 한번 시도해보고 싶은가? 당신의 도마뱀은 어떤 곡들을 즐겨찾기 목록에 등록해 습관을 자극하는가? 다음은 이 책에서 만난 몇몇 고객들의 사례다.

· *밤마다 와인을 마시는 습관이 있었던 애드리안(5장)의 하부 뇌가 보낸 메시지 역시 이 즐겨찾기 플레이리스트의 변형으로 볼 수 있겠다. "문제될 게 뭐 있어?"라고 말하는 이 메시지는 다양한 표현과 맥락을 통해 전해졌는데, 충동이 커질수록 한 가지 주제가 머릿속을 가득 채웠다. "다들 술 한 잔씩은 마시고 살아." 애드리안의 습관적 생각은 그녀를 안심시키기 좋아했다.*

· *6장에서 만난 라라는 페이스북을 둘러보거나 연예인 가십 기사를 다룬 웹사이트를 훑어보는 데 몇 시간씩 소비하는 습관이 있었다. 그녀의 충동은 도마뱀의 주문과 함께 찾아왔다. "하루 종일 참을 수는 없을걸? 차라리 지금 해버리고 끝내는 건 어때." 라라의 도마뱀은 충동에 굴복하는 것만이 합리적이고 유일한 선택지라고 믿게 만듦으로써 그녀가 얼마나 충동에 약한지 상기시키길 좋아했다.*

· 제레미의 도마뱀(7장)은 두 곡을 끊임없이 반복했는데, 제레미는 이 노래가 들려올 것을 미리 예측할 수 있었다. 그 두 곡의 제목은 "너 이제 큰일 났어. 돈이 다 떨어져가고 있다고!"와 "뭐 이렇게 두려운 게 많아? 넌 정말 구제불능이구나"다.

· 자녀들에게 끔찍한 일이 벌어질 것이라는 생각을 떨칠 수 없었던 발레리의 경우(9장) 몸속 도마뱀을 알아채는 게 상대적으로 쉽게 느껴졌다. 일어나지 않은 일에 대해 상상하게 될 때마다 그녀 역시 그것이 생각에 불과하다는 사실을 알았다. 실제로 자녀들이 안전하다는 사실을 아는 상황에서, 그와 반대되는 이야기를 늘어놓는 생각은 상상의 결과물일 뿐이며, 그 생각에 대해 그녀가 해야 하는 행동은 아무것도 없다.

· 2장에서 니콜은 언제나 초조함에 시달렸다. 그녀의 하부 뇌가 가장 좋아하는 십팔번이 "서둘러! 어서!"였기 때문이다. 니콜에게 있어 가장 떨쳐내기 힘든, 예측 가능한 충동은 그와 같은 생각이 동반하는 위기감이었다. 이 사실을 인지하고 나자, 니콜은 그와 같은 기분이 하는 말은 무엇이든 의심하게 되었다. 니콜은 이제 위기감이 들 때마다 그것을 속도를 내기보다 한 템포 쉬어 가라는 신호로 활용하고 있다.

· 마리오(11장)는 "이번엔 진짜 대박이야. 그동안 바라온 한 방의 꿈이

오늘 이루어질 거라고!"라고 약속하는 도박 충동을 경험했다. 이 헛된 약속의 존재를 알아챈 그는 그 목소리가 '중독성 있는 목소리'에 불과함을 알고 쉽게 묵살할 수 있게 되었다. 더 이상 그 목소리를 자신의 지혜, 상식과 혼동하지 않게 된 것이다.

하부 뇌가 무슨 말을 반복하는지 인지하고 나면 묵살해야 하는 메시지가 무엇인지도 알게 된다. 몸속 도마뱀이 자주 하는 말이 무엇인지를 적어보는 것도 좋은 방법인 듯하다.

몸속 도마뱀의 목소리는 어딘가 다르다

짜증날 정도의 끈기와 더불어, 몸속 도마뱀의 생각에는 명확한 지표가 있다. '머릿속이 도마뱀의 목소리로 가득할 때, 당신의 기분은 썩 좋은 상태가 아닐 것'이라는 점이다.

생각은 기분을 지배한다. 기분은 현재 하는 생각일 뿐이다. 머릿속이 하부 뇌의 프로그램에 따라 습관적이며 조건화된, 도움 안 되는 생각으로 가득할 때, 우리는 그걸 기분으로 느낄 수 있다. 그 기분이 정확히 어떻다고 설명하기는 어려운데, 우리가 저마다 머릿속에 떠올리는 생각이 다르고, 심지어 생각은 매 순간 변화하기 때문이다. 몸속 도마뱀의 목소리는 우리에게 스트레스, 초조함, 불안감, 우울감, 그 밖에 수많은 기분을 준다.

우리는 본래 평화로운 사람이며, 기본적으로 안정감과 명확함을 타고났다. 따라서 상식과 지혜가 필요할 때 우리는 평화와 안정감, 명확성을 구하려고 한다. 그리고 조용하고 평온한 상태에서 우리가 경험하는 생각과 감정은 신뢰할 만하다. 그처럼 기분이 좋은 상태가 아니라면, 그건 우리가 텅 빈, 습관적인 생각에 사로잡혀 있다는 뜻이며, 스트레스로 가득한 생각들은 신뢰할 수 없다.

습관의 목소리와 메시지에 익숙해질수록 습관이 주는 기분이 어떤 것인지 알게 된다. 습관의 목소리가 정신적으로, 감정적으로, 신체적으로 어떤 기분을 주는지 알아차리도록 노력하자. 도마뱀이 좋아하는 곡들은 우리의 다른 생각들과는 목소리 톤과 성량이 다르며, 우리의 마음을 불안하게 만든다.

습관과 관련된 생각이 주는 긴장과 위기감, 두려움을 알아차리고, 그 기분을 습관으로부터의 자유가 선사하는 기분과 비교해보자. 편안함과 안정감, 침착함과 명확함이 어떤 기분을 주는지도 기억하자. 마음이 편안하고 안정적일 때 떠오르는 생각은 신뢰하고 존중해도 좋다. 그러다가 습관과 관련된 생각이 슬그머니 고개를 드는 게 느껴진다면, 잠시 멈춰 생각이 맑아질 때까지 기다리면 된다.

13장

멈추면 힘이 생긴다

행동을 취하기 전에 잠깐 멈추는 것으로 모든 게 바뀔 수 있다. 멈춤에는 두 종류가 있다.

첫 번째는 의식적이며 의도적인 멈춤이다. 충동이 이는 것을 느낄 때, 혹은 습관이 나타나기 전 으레 하는 행동을 하고 있다는 사실을 깨달았을 때, 후회할 일을 하기 전에 멈추기로 결정하는 것이다. 매번 완벽하게 성공할 수는 없겠지만, 완벽한 게 중요한 건 아니다. 멈추려는 의도를 가지면 그렇지 않을 때보다 실제로 멈출 수 있게 될 확률이 높아진다. 게다가 심지어 완벽하지 않다 하더라도, 가끔이라도 멈추기를 시도하면 개중 몇 번의 충동은 따르지 않을 수 있다.

두 번째는 자연스럽게, 노력 없이, 거의 저절로 찾아오는 멈춤이다.

자신이 경험한 충동의 본질을 자세히 들여다보면, 충동은 의미 있거나 강력한 메시지가 아니라 습관적 생각에 불과하다는 사실을 인지하게 되고, 그 후에는 노력 없이도 저절로 멈출 수 있게 된다. 두 번째 종류의 멈춤은 마치 당신에 의해서가 아니라 당신을 위해서 일어나는 현상처럼 느껴진다.

충동과 '나'는 별개라는 사실을 온전히 인지하고 나면, 충동은 설득력을 잃고, 이후에는 충동이 행동으로 이어지는 빈도가 확연히 줄어든다. 생각이 떠오를 때마다 그에 따르는 건, 집 앞에 서는 모든 버스에 올라타는 것과 같다. 한마디로 말도 안 되는 짓이란 얘기다. 멈춤은 우리를 습관이라는 목적지까지, 또는 우리가 가고 싶지 않은 곳까지 실어 나르던 그 버스들을 이제 아무런 노력 없이 떠나보내게 만들어 줄 것이다.

물론 이 둘은 스펙트럼의 양쪽 끝처럼 극과 극이고, 당신은 늘 그 중간 어디 즈음에 와 있는 기분을 느낄 것이다. 이 둘 중 어느 것을 동원하든, 멈출 수만 있다면 그것으로 충분하다. 처음에는 멈춤에 노력이 필요할 것이다. 하지만 시간이 지나면서 더 자연스럽게, 노력 없이 멈출 수 있게 된다. 중요한 것은 기다리는 것, 그리고 자신이 원하는 곳으로 데려다줄 버스에 올라타는 것이다. 멈춤의 종류는 상관없다. 일단 멈추는 게 중요하다. 멈출 수 있게 되면 충동에 따르는 빈도수 역시 훨씬 줄어들 것이다.

마리앤의 수집벽 이야기

마리앤은 17년 인생의 대부분을 '강박적인 수집가'로 살아왔다. 처음에는 골동품 스푼, 비싼 인형, 빈티지 보석 등 그녀의 흥미를 끄는 물건들을 수집하기 시작했다. 하지만 우리의 첫 번째 상담에서 마리앤은 수집이 취미였던 건 첫 몇 년뿐이었고, 이제는 강박처럼 느껴지기 시작했다고 말했다. 즐거움을 얻기 위한 행동이 아니라, 강력한 충동에 대응하기 위한 수단으로 변질된 것이다. 이제 그녀의 습관적 수집 활동의 유일한 목적은 충동을 사라지게 하는 것뿐이다.

마리앤의 수집 습관이 인생의 역경을 기점으로 시작되었다는 사실은 주목할 만하다. 그녀가 처음으로 수집한 골동품 스푼은 갑작스럽게 돌아가신 부모님의 유품이었다. 한동안 골동품 스푼을 비롯한 다양한 물건들을 수집하는 일은 마리앤에게는 과거를 기억하기 위한 시도였다.

이 책 전반에 걸쳐 나는 습관이 생각의 결과물이자, 개인의 본성과 관련 없는 일시적인 경험이라는 사실을 강조해왔다. 또한 우리가 자신의 습관과 충동을 새로운 시각에서 바라볼 수 있고, 그렇게 얻은 통찰력으로 상황을 완전히 바꿀 수 있으며, 그 과정에서 꼭 복잡한 감정적 문제를 들여다보거나 해결할 필요는 없다고 주장해왔다. 일단 습관이 형성되고 나면, 그 습관은 우리를 불편하게 만드는, 위험하거나 의미 있는 생각들의 집합처럼 보일 수 있다. 또한 습관이 기분 전환을 위해, 다시 나다운 모습으로 돌아가기 위해 우리가 선택하는 최선의 방법일 수 있다는 것도 사실이다.

습관은 종종 어떤 이유에서든 우리가 불편을 느끼기 때문에 시작되기도 하며, 마주하고 싶지 않은 기분이나 생각 때문에 시작되기도 한다. 습관은 원치 않는 내적 경험으로부터 벗어나기 위한 훌륭한 도피처이기도 하지만, 여러 차례 강조했듯, 우리로 하여금 한 걸음 물러서서 생각이 저절로 사그라지도록 기다릴 때임을 알리는 유용한 정보원이자 중요한 경고 신호이기도 하다.

따라서 습관을 대하는 최선의 방법이 진짜처럼 보이지만 실제로는 어느 개인과도 전혀 상관없는 일련의 생각으로 취급하는 것이기는 해도, 그렇다고 해서 마리앤을 코치할 때 그녀의 습관이 감정적인 이유로 시작되었다는 사실을 무시한 것은 아니다. 마리앤과 나는 그녀를 수집 습관으로 이끈 생각들에 대해 이야기를 나누었다. 그녀는 계속해서 무언가를 수집하면서 자신의 과거가 생생하게 살아나는 듯한 기분을 느꼈다고 말했다. 이 특수한 사례에서는, 우리가 나눈 여러 대화가 마리앤에게 자신의 습관이 시작된 이유를 온전히 이해하는 데 큰 도움을 주었다.

그러나 마리앤의 습관이 우울한 기분을 개선하기 위한 수단으로 사용되기 시작했다 하더라도, 그녀가 느끼는 모든 종류의 불행이 습관을 통해서만 개선될 수 있는 심각한 문제라는 뜻은 아니다. 이제 마리앤은 자신에게 내재된 평화를 볼 수 있게 되었다. 그래서 우울한 기분이 들 땐, 그게 자신의 삶이 꼬였기 때문이 아니라 그 순간 떠오른 생각이 그런 기분을 준 것뿐이라고 이해하게 되었고, 덕분에 우울한 기분이 들 때마다 치솟던 충동도 더 잘 다스릴 수 있게 되었다. 또한 그녀에게 필요한 방식으로 상실의 슬픔을 애도할 수 있게 되었고, 원치 않는 수집 충동을 인지하고 묵살할 수도 있게 되었다. 무엇보다도, 이제 그녀는 충동과 관련된 기분이 감지되었을 때, 행동에 뛰어드는 대신 한 걸음 물러설 수 있게 되었다.

훈련의 중점은 마리앤이 고통의 원천을, 그리고 자신에게 내재된 건강과 복원력을 인지하게 하는 데 있었다. 자신의 고통이 부모님에 대한 오랜 그리움에서, 그리고 충동을 굴복해야 하는 의미 있는 '진실'인 것처럼 받아들인 데서 시작되었다는 사실을 볼 수 있게 되자, 생각과 충동은 점점 설득력을 잃기 시작했다. 충동의 손아귀가 느슨해지자, 마리앤은 이내 '행동으로 옮기고 싶은 생각'과 '무시하고 싶은 생각'을 스스로 선택할 수 있게 되었다.

얼마간 함께 훈련을 진행한 후 마리앤이 이 책에서 공유한 개념들을 이해하게 되자, 수집품을 늘려야겠다는 충동은 전만큼 강렬하게 느껴지지 않았다. 이제 과거처럼 충동에 사로잡히는 일은 좀처럼 없었지만 그래도 충동이 완전히 사라진 건 아니었다. 충동은 여전히 그녀를 찾아왔다. 강렬한 충동은 드물었지만 약한 충동은 빈번하게 나타났다. 그럼에도 마리앤은 충동의 실체를 명확하게 들여다보는 법, 충동에 따르지 않는 법에 대한 배움을 게을리하지 않았다.

마리앤이 자신의 충동을 인지하고, 더 이상 충동을 두려움의 대상으로 여기지 않게 되자 그녀는 '선택점'을 알아챌 수 있게 되었다. 그녀는 충동이 찾아온 뒤 그 충동이 행동으로 이어지기 직전의 어느 시점에, 행동으로 향하는 창문이 곧 열리겠다 싶은 순간을 인지할 수 있었다. 충동에 굴복할지, 그 충동을 무시할지 선택의 기회가 아주 짧은 순간 주어진 것이다.

사실 어떤 순간이라도 선택점이 될 수 있다. 지금 충동의 생명주기 어느 시점을 경험하고 있든지, 행동이 어디까지 진행되었든지 상관없이, 우리는 한순간 현실을 명확하게 직시할 수 있다. 충동이 지나간 이후에 되돌아보니 자신이 한 두 차례의 선택점을 감지했었다는 사실을 깨닫게 되는 일도 종종 있다. 본격적으로 습관적인 행동을 하기 전에 생긴 1초, 혹은 2초간의 멈춤을 떠올려볼 수도 있을 것이다. 그 순간 정말 그 행동을 할 것인지 스스로에게 물었다는 사실을 떠올리게 될지도 모른다.

내 경우, 음식을 사러 가는 동안 내면의 지혜가 "차를 돌려서 집으로 가. 정말 이럴 필요 없어"라고 자주 타일렀던 일이 기억난다. 하지만 당시에는 차를 돌려 집으로 가면 충동이 저절로 사라진다는 사실을 깨닫기 전이었기 때문에 나는 그 목소리가 나를 조롱하고 있다고만 생각했다. 그땐 충동이 한창 진행 중일 때 길 밖으로 벗어나는 건 상상 속에서나 가능한 일이라고 믿었다. 그러나 이제 나는 충동을 대하는 내 방식 때문에 그런 기분을 느꼈을 뿐이라는 사실을 알고 있다. 충동에 의미를 부여하고, 휘둘리고, 폭식을 해야만 충동이 사라질 것이라고 믿었기 때문에 지혜의 목소리가 들려오기 무섭게 그 목소리를 억눌렀던 것이다.

충동에 굴복할 필요가 없음을 암시하는 모든 생각은 지혜의 목소리다. 강렬한 충동을 겪는 도중에, 그 모든 생각들이 우리의 머릿속을 어지럽게 휘젓는 동안에, 여전히 지혜가 비집고 들어올 수 있다는 사실이 매우 놀랍지 않은가? 지혜가 우리의 복원력에 호소한 것이다. 지혜는 연료다. 지혜는 매 순간 스쳐 지나가는 생각들을 한 꺼풀 들어내면 찾을 수 있는 우리의 진정한 자아다. 물밀듯 쏟아지는 생각의 홍수에 작은 틈이라도 생기면, 지혜는 그 틈을 비집고 들어와 스스로 빛을 발한다.

우리는 지혜의 목소리에 귀를 기울이기도, 귀를 닫아버리기도 한다. 하지만 무엇보다도 중요한 것은, 언제나 지혜가 그 자리를 지키고 있다는 사실을 아는 것이다. 지혜에 의존하는 법을 배울수록, 지혜가 이끄는 길로 자연스럽게 접어들 수 있다.

'나'와 충동 사이에 간극이 생기면 선택점을 알아차리고 잠시 멈추는 일이 상대적으로 쉬워지기도 한다. 그 간극은 우리가 충동의 새로운 진실을 발견했을 때, 때로는 충동을 묵살하기 시작했을 때 생긴다. 마리앤이 충동을 전부 물리쳤을 때, 그녀에게도 그 간극이 생겼다. 마리앤은 자기 자신과 자신의 상황을 별개의 것으로 인식하게 되었고, 덕분에 충동이 시작된 순간과 그녀가 충동을 행동으로 옮기는 순간 사이의 선택점을 점점 명확하게 볼 수 있었다. 그녀는 잠시 멈춰 지혜의 목소리에 귀를 기울이고, 자신의 선택에 따라 행동을 할지 말지 결정할 수 있었다. 그리고 다행히도 마리앤은 행동을 멈추기로 선택했고, 습관은 금세 물러가기 시작했다.

거부권

앞서 10장에서 우리는 '거부권(쿤 및 브라스, 2009)'이라고도 불리는 '자유 비의지'의 개념에 대해 간단히 살펴보았다. 자유 비의지는 충동이나 생각에 따르지 않을 자유의지다. 전전두피질(우리가 지금까지 상부 뇌라고 부른 뇌 영역의 일부로서, 의사 결정과 협응 행동을 담당한다)을 통해 이루어지는 우주적 사고는 우리에게 선택 능력을 부여한다. 심지어 우리에게 주어진 선택지들을 보지 못하는 동안에도, 여전히 우리는 충동이나 생각에 대해 아무것도 하지 않을 능력을 가지고 있는 것이다. 자유 비의지를 행사하고, 잠시 멈추고, 충동에 굴복하지 않을수록 충동은 점점 약화된다. 영적 측면에서 설명하자면, 그와 같은 생각에 의미를 부여하거나, 그 생각에 '나'가 반영되었다고 보는 대신 그저 자연스럽게 생각이 오고 가도록 내버려두면, 그 아래 깔린 내적 지혜를 더욱 명확하게 볼 수 있다. 머릿속을 가득 채운 생각들을 움켜쥐지 않으면, 더 깊고 진실하며 훨씬 유용한 방식으로 지혜를 활용할 수 있게 된다.

잠시 멈추는 법을 숙련할수록 멈춤의 시간이 길어지고, 우리에게 주어진 선택권을 더욱 명확히 볼 수 있다. 초기에 마리앤은 내게 전화를 걸어 "또 충동에 굴복하고 말았어요. 오늘 스푼을 하나 더 사버렸다니까요"라고 말하곤 했다. 나는 그녀에게 자신이 충동에 굴복하기로 선택한 순간을, 즉 선택점을 알아챘는지 물었고, 마리앤은 선택점을 알아차리기도, 알아차리지 못하기도 했다.

충동을 거부하기 위해 가능할 때마다 잠시 멈추기를 시도하면서, 마리앤은 점점 더 자주 자신의 선택점을 알아차리게 됐다. 심지어 선택점을 알아차린 순간에 충동에 굴복하지 않기로 하는 선택을 내리는 빈도수도 크게 증가했다. 종종 그 과정이 혼란스러울 때도 있었다. 처음에 마리앤은 충동을 의미 없는, 순간 스쳐 지나가는 '신경학적 쓰레기'로 인식할 수 있게 되면 충동이 긴장을 유발하거나, 설득력을 갖는 일은 없을 것이라고 생각했다. 하지만 충동에서 벗어나는 과정이 늘 그렇지만은 않다. 우리의 뇌는 습관에 익숙해져 있고, 우리가 한동안 굴복해온 충동을 생성한 장본인이기도 하다. 물론 뇌가 변화할 수 있다는 사실에는 변함이 없지만, 뇌는 효율성을 선호하지 변화를 선호하지는 않는다. 그러나 한 가지 기억할 것은, 물리적 뇌에 힘을 부여하는 우주적, 영적 에너지를 통한다면 변화는 항상 가능하다는 사실이다.

마리앤은 충동에 굴복하지 않는 일이 시간이 지날수록 상대적으로 쉽게 느껴질 수는 있지만 언제나 그런 건 아니라는 사실을 깨닫게 되었다. 종종 충동을 물리치는 일은 상당한 노력을 요하기도 한다. 충동에 굴복하지 않는 것이 일상인 새로운 자신의 모습이 자리 잡기 전까지는 연습과 노력을 통해 의도적으로 멈춤을 시도해야 할 수도 있다.

시간이 걸리긴 했지만 어쨌든 마리앤은 충동이 시작되는 순간 잠시 멈출 수 있는 경지에 도달하게 되었다. 충동을 감지하는 순간 그녀는 충동이 잠시 지나가는, 자기 교정 능력을 가진 경험에 불과하다는 사실을 즉시 떠올리고, 선택점에 도달할 수 있을지를 살필 수 있게 되었다. 그녀가 자신에게도 선택할 수 있는 힘이 있다는 사실을 느끼게 되었을 때, 마리앤은 충동에 굴복하지 않겠다는 결정을 내렸다. 스스로 선택을 했다는 사실과, 충동이 사라지면서 찾아온 긴장이 풀리는 기분은 마리앤에게는 대단히 신나는 경험이었다. 나도 같은 경험을 했었다. 폭식 충동을 이겨냈을 때, 내가 선택을 통해 뇌를 물리적으로 변화시켰다는 사실을 알고 스스로가 자랑스러웠고 매우 기뻤다.

충동을 이겨내는 일은 종종 쉽게 느껴지기도, 어렵게 느껴지기도 한다. 하지만 결국 마리앤도 충동에 전혀 굴복하지 않게 되었고, 이제 충동은 더 이상 나타나지 않는다. 마리앤에게는 멈춤의 힘을 깨달은 것이 그 과정에서 대단히 큰 도움이 되었다.

14장

반드시 해야 하는 일은 없다

이 책 전반에 걸쳐 나는 통찰력이 습관을 변화시키는 데 있어 가장 중요한 도구라는 사실에 대해 이야기했다. 우리의 본질은 행복이라는 사실과, 습관은 내적 건강 위에 덧씌운 일시적인 생각에 불과하다는 사실을 진정으로 볼 수 있게 되면, 나쁜 습관은 전과 달리 설득력을 잃고, 불안정해지며, 과거에 비해 묵살하기도 훨씬 쉬워진다. 그러다가 습관을 유발하던 생각들을 떨쳐버리는 일이 잦아지면 습관도 자연스럽게 떨어져나간다.

통찰력을 얻는 과정은 이상할 정도로 수동적이다. 5장에서 논의했듯 물론 통찰력에 길을 열어주기 위해 우리가 할 수 있는 일들이 있긴 하다. 사실 이 책을 읽는 것만으로도 그 일들을 하고 있는 셈이다. 하지만 내가 이 책을 통해 독자와 공유한 접근법들은 대체로 수동적인 방법들이다. 실제로도 통찰력을 얻는 법은 다른 접근법들에 비해 훨씬 수동적이다.

나쁜 습관을 끝내기 위해 우리가 해야 할 일은 없다고 말하면 조금 황당하게 들리리라는 걸 안다. 책임감 있고 주도적인 사람이라면 무언가 '하는' 것에 중점을 둔 채 습관은 '고쳐야' 할 대상이며, 그 일을 해야 할 사람은 자신이라고 생각하게 되는 것도 당연한 일이다. '새로운 방식으로 현상을 본다'거나 '통찰력을 기다리는' 일은 아무리 좋게 포장한다 해도 비효율적인 일로 느껴질 수 있으며, 최악의 경우 자신이 스스로 권리를 포기했다거나 무기력하다고 느낄 수 있다.

고통스러운 생각, 또는 하고 싶지 않은 일에 대한 충동을 묵살하는dismiss 방법에 대해 이야기하면, 종종 사람들은 그것을 생각이나 충동을 '무시하는ignore' 방법으로 받아들이곤 한다. 하지만 실제로 묵살과 무시는 극과 극의 개념이다. 그 차이는 인간과 문제에 대한 우리의 믿음에 뿌리를 두고 있다.

모든 인간은 근본적으로 명확성과 건강을 타고났다는 사실과, 어느 때고 머릿속에서 일어날 수 있는 일시적인 경험에 의해 그 진실이 가려질 수는 있으나 본질은 절대 변치 않는다는 사실을 믿는다면, 습관은 말 그대로 생각에 불과한 게 된다. 걷어 차버려야 할 순간적인 생각 말이다.

때로는 습관이 자신의 발목을 꽉 움켜쥐고 있는 것 같다가도, 또 어떨 때는 그렇지 않다고 느낀다. 다른 것들보다 더 자주 밀려왔다 밀려가기를 반복하는 습관을 비롯해 우리의 모든 경험은 보기보다 훨씬 가변적이며, 그동안 들던 것보다 훨씬 유동적이다. 나처럼 병명을 진단 받았거나, 마리오처럼 스스로를 '도박 중독자'라고 생각하게 되었거나, 혹은 마리앤처럼 '수집 중독자'라고 느끼게 되었거나, 발레리와 제레미처럼 '편집증적인 걱정'을 달고 살거나, 혹은 재키처럼 파트너에게 지속적으로 사랑을 확인하며 스스로를 '불안정한 의존증 환자'라고 생각하게 되었다면, 습관이 그저 왔다가 가는 생각에 불과하다는 사실을 보기란 쉽지 않다. 그래서 마치 습관이 우리 자신의 일부이며, 배경에라도 존재함으로써 변함없이 우리와 함께한다고 믿게 되는 것이다.

하지만 사실, 습관은 생각과 함께 변화한다. 비록 먹구름 낀 생각이 지나는 중이라 하더라도 우리가 본질적으로 행복한 사람이라면 고칠 게 무엇이겠는가? 구름이 지나가도록 도울 필요는 없다. 구름이 지나가는 일에 우리의 역할은 없다. 습관은 머리가 기능을 한 결과물이다. 따라서 머릿속이 차분해지면 습관도 변화하게 되어 있다. 이것으로 당신이 '반드시 해야 하는 일은 없다'라는 개념을 이해하는 데 도움이 되었기를 바란다.

폭식 습관으로 인해 고통 받던 시절, 나는 폭식을 유발하는 '생각 먹구름'을 피하는 건 불가능하다고, 그 먹구름이 스스로 사라지거나, 지나가거나, 바뀔 리 없다고 주장했다. 그 먹구름은 수년 동안 내 위에 뭉게뭉게 피어난 채로 조금도 움직이지 않은 것 같았다. 실제로 먹구름 여기저기에 균열이 가기 시작해 그 뒤의 파란 하늘과 빛나는 태양을 볼 수 있게 되었을 때도, 나는 먹구름이 언제든 다시 돌아올 것을 알고 있었다.

나는 이제 그 경험에서의 내 역할에 대해 안다. 습관이 생각에 불과하다는 사실을 보려 하지 않았기 때문에, 내면의 건강과 타고난 복원력을 온전히 이해하려 하지 않았기 때문에 습관은 실제보다 훨씬 더 의미 있고 변치 않는 존재처럼 보였다. 어쨌든 나는 진단명까지 받지 않았는가. 내 습관은 잘 알려진 증상과, 예측 가능한 진행 경로, 그리고 전조증상까지 가진 '질병'처럼 보였다. 그래서 그 질병의 마땅한 진행 경로에 대한 기대가, 다음에 나타날 증상에 대한 기다림이 머릿속에서 커져만 갔다.

하지만 먹구름은 종종 흩어졌고, 나는 늘 폭식할 준비가 되어 있던 뇌가 자유를 만끽한 순간들(심지어 며칠, 몇 주간 지속되기도 했다)을 즐기기도 했다. 그렇다고 해도 내가 자유를 얻었다고는 결코 생각하지 않았다. 나는 언제나 어깨 너머를 뒤돌아보며 충동이 엄습하기를 기다렸고, 그때가 온다 하더라도 내게는 충동에 굴복하는 수밖에 다른 선택지는 없다고 생각했다. 이토록 강력한 기대 덕분에 나는 나도 모르는 사이에 먹구름을 다시 되돌려놓았다. 스스로 습관에 사로잡혀 있다고 믿었기 때문에, 그 외의 경험은 할 수 없을 것이라고 생각했던 것이다.

생각에 사로잡히거나 상처를 입는 것조차도 각 사람의 능력에 달린 일이며, 모든 문제는 가시적이고 현실적인, 행동 중심의 해결책을 통해 풀어가야 한다고 생각하는 사람에게는, '아무것도 하지 않는 것'은 '방임' 또는 '게으름'으로 보일 것이다. 우리가 스스로의 문제를 해결하기 위한 '3단계 해결책', '10일의 기적' 등을 찾아 헤매다가 곧장 행동에 뛰어드는 것도 그런 이유에서다.

하지만 3단계 해결책이나 10일의 기적이 효과가 있었다면(대부분의 사람들에게 효과가 있다고 알려지긴 했지만), 우리도 이를 통해 성공적인 결과를 얻었어야 하는 거 아닌가?

'행동의 변화'는 결과이지 해결책이 아니다. 행동은 새로운 시각을 갖게 된 결과 변한다. 이와 같은 방향으로 변화를 꾀하면, 더욱 근본적이며 지속적인 변화를 얻을 수 있다.

할 수 있는 일 VS 해야 할 일

그렇다고 우리가 무언가를 할 수 없다거나 해서는 안 된다는 건 결코 아니다. 도움이 될 것 같은 일이 있다면, 그 일을 하는 건 당연하다. 그때 생긴 행동하려는 의지는 아마 지혜의 목소리일 것이다. 직감을 따르라고 당부하고 싶다. 그때 당신의 행동(산책에 나서거나, 친구에게 전화를 걸거나, 낮잠을 자는 등)은 습관적인 행동에 돌입하기 전 잠시 쉬어 가는 일, 혹은 몸속 도마뱀의 선곡을 알아차리는 일이 될 수 있다.

핵심은, 그 순간 옳은 일이라고 느껴진다면 무엇이든 해도 좋지만, 우리가 반드시 해야 하는 일은 없다는 것이다. 내면의 건강함이 잠시 구름에 가려졌다고 해서 우리가 해야 할 일은 없다. 스스로를 돕기 위해 어떤 일을 하고 싶다면, 원하는 일을 해도 좋다. 하지만 반드시 해야 하는 일은 없다는 사실을 기억하자.

우리는 자연의 일부이며, 자연은 본래 자기 교정 메커니즘을 가지고 있다. 자연이 번영을 향하듯, 우리 역시 마찬가지다. 따라서 스스로를 망가뜨리고 싶은 충동을 묵살하라거나, 도넛 한 상자, 와인 한 병을 요구하는 충동의 목소리를 잠재우라거나, 결혼생활, 직장, 책임으로부터 도망치고 싶은 충동을 떨쳐버리라는 나의 제안은, 절대 그 충동들을 무시하라는 말이 아니다. 충동을 묵살하는 일은, 충동이 생각의 결과물이고, 우리에게는 자기 교정 능력이 있으며, 따라서 그 생각들이 저절로 변화할 것이라는 사실을 이해하는 일이다. 충동을 무시하는 일은, 어떤 일에 관심이 필요하다고 믿으나 그 일에 관심을 주는 데 실패하는 일이다.

묵살은 우리가 자기 교정 메커니즘으로 무장했다는 진실, 모든 일에 인간의 개입이 필요한 건 아니라는 진실을 보는 일이다. 무시에는 노력과 에너지가 든다. 묵살은 노력 없이 이루어진다. 묵살은 우리가 스스로의 경험을 통제해야 한다는 의무감을 떨치게 해줌으로써 우리를 자유롭게 한다.

혼돈의 껍질을 한 겹 벗겨내면 그 아래에 건강하고 행복한 자신의 진짜 모습이 있다는 사실을 기억할수록, 아무것도 하지 않는 일이 점점 더 자연스럽고 당연한 일이 된다.

생각과 충동은 사라진다. 몸속 도마뱀이 혼자 떠들다가 제풀에 기죽게 놔두자. 그리고 그다음 자신에게 벌어질 일에 주목하자. 이때도 우리가 해야 하는 일은 없다.

15장

생각을 이해하면 모든 게 바뀐다

조안의 의심병 이야기

조안은 누구도 자신을 좋아하지 않는다고 굳게 믿었다. 그녀는 늘 혼자 남겨질까 봐, 남들에게 미움을 받을까 봐 두려웠다. 어느 날 이웃 여자 둘이 자신들의 집 앞 진입로에 서서 잡담을 나누고 있는 걸 본 조안은, 그들이 얼마나 빨리 절친한 친구가 되었을지 상상하며 그들이 자신을 그들 사이에 결코 끼워주지 않을 것이라고 생각했다. 이웃들이 조안을 초대해 커피를 대접했을 때도, 그녀는 그들의 행동이 동정심이나 예의에서 비롯된 것일 뿐이라고 짐작했다. 이웃들이 무슨 행동을 하든, 심지어 그들이 조안을 초대했을 때도, 조안은 그들의 행동에서 자신이 따돌림 당하고 있다는 증거를 찾으려 했다. 조안은 그와 같은 해석을 늘 마음에 품고 살았고, 대체로는 그 해석들을 진실이라고 믿었다.

하지만 조안도 자각이 있는 사람이었다. 우리가 함께한 거의 1년 가까운 시간 동안 그녀는 자신의 머릿속에 떠오른 생각들이 현실의 반영이 아니라는 사실을 볼 수 있게 되었다.

조안이 남들에게 따돌림을 당하고 있다는 생각을 습관적으로 하기 시작한 건 35년 전인 여덟 살 때부터였다. 당시 조안은 학교에서 또래 친구들에게 따돌림을 당했었다. 조안은 자신과 가장 친했던 한 친구가 다른 '쿨한 애들'과 어울리기 시작하면서 자신을 그 그룹에 끼워주지 않던 날 있었던 일에 대해 세세하게 기억하고 있었다. 그때 '난 여기 어울리지 않아. 걔들이 날 왜 좋아하겠어?'와 같은 습관적 생각이 시작되었다.

조안은 이제 습관적 생각의 본질을 더욱 깊이 들여다볼 수 있게 되었다. 조안의 관심을 사로잡기 시작한 이 진실은 그녀가 습관적인 생각들을 자연스럽게 놓아버릴 수 있게 도와줄 것이며, 결국은 조안에게 자유를 선사할 것이다.

존재가 문제는 아니다

지금까지 이 책을 통해 알 수 있었듯, 생각이 존재한다는 것 자체는 문제가 아니다. 오히려 생각과 충동은 인간을 인간답게 만드는 요소다. 문제는 우리가 그 생각이나 충동으로부터 무엇을 만들어내는지, 충동을 무엇이라고 믿는지, 그것과 어떤 관계를 맺고 상호작용하는지에 따라 발생할 수 있다.

생각은 구름처럼 증발성이 있다. 멀리서 봤을 때, 구름은 커다랗고 단단할 것 같아 보인다. 하지만 우리가 탄 비행기가 구름을 지날 때 느낄 수 있듯이, 가까이에서 보면 구름은 전혀 단단하지도, 안정적이지도 않다.

생각과 충동도 마찬가지다. 그 둘은 증발성이 있다. 그리고 겉으로 보이는 것처럼 단단하지도, 대단하지도 않다. 문제는, 겉으로만 단단해 보이는 생각을 실제로 그런 것처럼 대하는 데 있다. 우리는 저항하거나, 부정하거나, 또는 그것을 행복한 생각으로 대체하는 식으로 고통스러운 생각으로부터 스스로를 보호할 수 있다고 착각한다. 생각을 밀어내거나, 다른 곳으로 옮기거나, 그건 '생각에 불과하다'고 스스로에게 상기시키거나, 실제로 느끼는 기분은 그렇지 않으면서도 '모두 일시적인 일에 불과하다'고 생각하려 노력한다. 표면상으로 이와 같은 노력이 도움이 될 것 같아 보이지만, 실제로 이는 곧 증발하고 말 생각에 자신도 모르게 관심을 가득 주입하는 일이다(기억할 것! 통찰력을 통해 생각이 일시적이고 안전한 것이라고 보게 되는 것과 스스로 그 사실을 적극적으로 상기시키거나, 그게 진실이라고 확신하려고 노력하는 것은 다르다).

좋은 의도로 시작한 그 행동은 우리의 생각과 충동에 주의를 끼얹는 행위에 불과하다. 그리고 결국 그 행동은 우리가 원하는 것과 정반대의 결과를 낳는다. 생각을 판단하거나 고치려고 노력할 때, 우리는 그 생각에 주의를 기울이게 된다. 이 과정에서 증발성이 강한 생각은 마치 단단한 콘크리트처럼 느껴진다. 생각과 감정을 통제하려는 시도는 역효과를 일으키고, 눌러 없애버리려던 그 생각은 우리의 의식 속에서 점점 몸집을 키운다.

우리가 생각에 쏟아 붓는 관심과 집중이 곧 떨쳐내려고 노력해도 자꾸만 달라붙는 습관의 원인이었던 것이다. 아이러니하지 않은가? 그토록 피하고 싶던 그 생각을 만든 게 다름 아닌 우리 자신이라니. 그러나 생각에 집중하지 않고도 그 본질을 들여다볼 수 있게 되면 그 생각들은 다시 증발성을 갖는다.

조안은 생각의 진실을 개념적으로는 이해했다. 하지만 그 생각들이 저절로 왔다 사라지는 경험을 직접 한 적이 많지 않았다. 그녀는 그 고통스러운 생각이 찾아올까 두려워했는데, 그녀의 경험이 생각에 큰 영향을 받았기 때문이다. 그녀는 종종 생각에 사로잡힌 듯한 기분을 느꼈고, 그 답답한 기분은 몇 시간 동안, 심하게는 며칠 동안이나 그녀가 스스로를 혐오하게 만들었다.

조안은 불안정한 생각이 존재한다는 사실 자체를 두려워했다. 때문에 불안한 생각이 떠오를 때마다 머릿속이 굳어버리고 말았다. 그녀는 자신이 느끼는 기분을 부정하려 했다. 조안은 떠오른 생각을 무시하기 위해 다른 일에 미친 듯이 몰두했다. 하지만 그 기분은 그녀에게 한 걸음 물러서서 생각이 저절로 정리되기를 기다리라는 신호일 뿐이었다. 그녀의 행동은 모두 기분을 개선하기 위한 시도였으나, 그 행동들은 결과적으로 오히려 그녀를 더욱 힘들게 했다. 또한, 충동에 거세게 저항할수록 조안의 고통은 커져만 갔다.

조안만 그런 경험을 한 건 아니다. 라라(6장 참고)는 연예인들의 이야기와 페이스북에 올라온 가십을 읽는 데 매일 많은 시간을 허비했다. 라라의 충동 자체가 진짜 문제는 아니었다. 그녀는 충동이 그토록 강한 힘을 얻게 된 이유가, 자신이 충동을 대하는 무기력하고 희생자 같은 태도 때문이라는 사실을 직관적으로 알았다. '그냥 1분만 로그인하면 되잖아'와 같은 생각이 떠오른 순간, 라라는 왜 이런 일이 그녀에게만 벌어지는지 원망하며 패닉에 빠져 머릿속이 뒤죽박죽 엉키는 경험을 했다. 그러고는 미처 충동에 굴복하기도 전에 이미 그녀가 인터넷을 서핑하느라 하루를 낭비할 거라는 사실을 인정해버리고 말았다. 스쳐 지나갈 뿐인 충동을 현실이라고, 바꿀 수 없다고, 모두 끝난 일이라고 여기는 방식이 우리를 습관에 가둔다.

제레미(7장 참고)는 곧 돈이 모두 바닥날 것이라는 습관적인 생각 때문에 피폐해져갔다. 돈이 바닥날 것에 대해 두려워한 것 자체는 문제의 일부에 불과했다. 진짜 고통은 제레미가 끈질기게 반복되는 그 생각들을 자신이 미쳐가고 있다는 증거로 삼은 데서 생겼다. 제레미의 지혜는 그가 재정 안정을 위해 최선을 다하고 있으며, 그가 대부분의 사람들보다 더 안정된 상태를 유지하고 있다고 그를 설득했다. 하지만 그는 두려움을 진지하게 받아들였다. 습관적인 생각의 존재 자체를 그가 무언가를 조심해야 한다는 신호이거나, 그게 아니라면 그가 미치기 직전이라는 신호라고 생각한 것이다.

제레미는 자신의 생각을 곱씹고 또 곱씹었다. 스스로 자신의 정신상태에 대해 이해하려고 지나치게 노력하다가 결과적으로는 자신도 알지 못하는 사이에 상황을 악화시켜버렸고, 재정 상태에 대한 두려움을 저절로 증발해버릴 일시적인 생각이 아니라 콘크리트처럼 확고한 생각처럼 대하게 된 것이다.

우리가 할 수 있는 일은 생각의 진실을 들여다보는 것, 그게 전부다. 우리가 개인과는 상관 없는, 저절로 왔다가 가는 경험의 본질을 깊이 들여다볼 때, 생각이 증발하도록 놔두기도 더 쉬워진다. 충동이 그저 왔다가 간다면 우리가 문제를 겪을 이유는 없다. 존재 자체는 문제가 아니다.

관심과 집중을 쏟아 붓거나, 생각을 대단한, 부동적인 것으로 보는 시각 자체가 유일한 '문제'다. 그리고 그와 같은 문제는 깨달음을 통해 손쉽게 해결할 수 있다.

습관도 변하고 인생도 변한다

16장

점점 쉬워진다

시간이 지날수록 나쁜 습관을 떨쳐버리는 일은 처음보다 훨씬 쉬워진다. 당연한 얘기처럼 들릴지 모르겠지만, 그래서 더욱 그 사실을 간과하기가 쉽다.

'잠시 멈춤'을 열심히 수련 중이든, 결의에 차서 충동을 묵살하고는 있지만 여전히 운에 따라 묵살하게도 굴복하게도 되든, 실제인 것 같고 굴복해야 할 것만 같은 습관적인 생각에 여전히 끌려다니든, 지금의 단계에 영원히 머무르는 일은 있을 수 없다.

하지만 그 사실을 잊는다면 도중에 쉽게 포기하게 된다. '이건 너무 어려워. 이런 기분에 영원히 갇히고 싶진 않아'라고 생각하기도 쉽다. 그러나 그 기분은 영원하지 않을 것이다. 우리는 종종 감당하기 어렵게 느껴지는 끔찍한 기분을 순식간에 개선하기 위해 습관에 의지하기도 한다. 그러나 우리 모두에게 생각이 저절로 느려져 스스로 안정을 찾게 되는, 새로운 일상이 찾아올 수 있다. 습관에 대한 생각이 더 이상 떠오르지 않는 날도 올 것이다.

어느 날엔 변화가 또렷하게 느껴지고 드디어 습관을 제쳐버렸다는 느낌이 들기도 한다. 하지만 그렇다고 당신이 앞으로 다시는 습관적인 행동을 반복하지 않을 거란 얘기는 아니다. 단지 동일한 상황을 바라보는 기분이 달라진 것일 뿐. 그 기분은 당신을 이루던 근간 자체가 달라진 듯한 대단한 변화를 선사한다. 당신은 자신의 충동과 습관, 그리고 복원력을 다른 시각에서 볼 수 있게 될 것이다. 정말 운이 좋다면 삶을 새로운 시각에서 바라보게 될지도 모른다. 그리고 미래에 무슨 일이 생기더라도 당신은 괜찮을 것이라는 사실을 알기 때문에, 훨씬 더 쉽게 마음의 안정을 찾을 수도 있게 된다.

이 책에 담긴 영적 원리는 인간다운 삶이 무엇인지를 설명하는 '시스템'을 살짝 엿볼 수 있게 해준다. 기저의 시스템을 이해하는 것만으로도 행동 변화에 그치지 않고, 그걸 넘어선 근본적인 변화를 이룰 수 있다.

베이킹의 몇 가지 기본 원리를 배우던 날이 기억난다. 그날 나는 빵은 왜 부푸는지, 부풀지 않았다면 그 이유는 무엇인지, 베이킹파우더와 베이킹소다는 어떻게 다른지 등을 배웠다. 그동안 나는 대체로 내가 원하는 빵을 구워낼 수 있었지만, 종종 실패하는 날도 있었다. 빵을 제대로 만들어내는 데 실패했을 때 나는 무척 당황했다. 문제가 뭔지 알지 못했기 때문에 눈에 보이지 않는 공작원이 내 오븐에 침입해 빵을 망쳐놓은 게 분명하다는 피해망상까지 가지게 됐다.

하지만 베이킹의 간단한 원리를 몇 가지 배우고 나니 전과 같은 피해의식은 사라졌다. 나는 기저의 시스템이 어떻게 작동하는지 깊이 이해하게 되었고, 그 이해는 큰 도움이 되었다. 그렇다고 내가 다시는 실수하지 않게 되었다는 건 아니다. 하지만 실수했을 때, 내가 어느 단계에서 실수를 했는지 볼 수 있었고, 덕분에 더 이상 실수에 대해 무력감을 느끼지 않게 되었다. 시스템을 이해한 덕분이었다. 눈으로 보고 나면 믿게 되는 것들이 있다.

폭식 충동이 저절로 사라질 신경학적 쓰레기라는 사실을 보게 되었을 때도 같은 일이 벌어졌다. 나는 찾아온 충동을 저절로 사라지게 놓아두는 경험을 점점 즐기게 되었는데, 그건 곧 습관이 영영 사라질 것임을 암시하는 경험이기도 했기 때문이다. 여러 측면에서 모든 것이 전과 달라졌다. 한동안은 여전히 충동을 경험했고, 충동은 여전히 나를 불편하게 했다.

순간순간 머릿속을 채우는 생각이 우리의 기분을 좌지우지한다. 나 역시도 매 순간 떠오르는 생각들을 온전히 기분으로 느꼈다. 하지만 충동에 대한 이해가 변화하자 나는 충동에도 원리가 존재한다는 사실을 알게 되었다. 베이킹의 원리와 마찬가지로 믿을 수 있고 변하지 않는 원리였다. 그 시스템을 들여다보고 이해하게 된 이후로 패닉이나 무력감은 사라졌다. 심지어 일시적인 생각이 진짜처럼 보일 때도, 충동에 사로잡혀 폭식을 하게 되었을 때도, 충동의 본질 자체가 변했음을, 모든 것이 변하고 있음을 알 수 있었다.

변화는 우리 모두에게 일어날 것이다. 그리고 실제로 변화가 시작되면, 그 과정은 점점 쉬워진다. 습관에 대한 우리의 이해는 언제나 진화하게 되어 있다. 여러 단계에 걸쳐 그 과정을 나누어 겪으며 각각의 단계마다 새로운 차원의 자유를 경험하는 사람이 있고, 한 번에 도약해 순식간에 변화를 경험하는 사람도 있다. 어떤 사람들은 처음부터 끝까지 흔들림 없이 전진하고, 또 어떤 사람은 전진하다가 뒷걸음질 치고, 그러다가 다시 앞을 향해 나아가기도 한다. 당신도 당신만의 길을 걷게 될 것이다. 중요한 건 당신이 변화를 향한 길 위에 서 있다는 사실을 스스로 아는 것이다. 계속해서 이 방향, 원리, 그리고 자기 자신과 자신의 습관에 관한 진실들을 좇다 보면 더 많은 진실들은 보게 될 것이고, 그 진실들은 우리가 습관에서 벗어나는 데 저마다 핵심적인 역할을 할 것이다.

나의 금연 이야기

나는 대학 때 담배를 피우기 시작했고, 대학원 재학 시절에는 이제 담배를 끊어야겠다고 생각했다. 하지만 불행히도 당시 내게는 이 책에 담긴 이해와 통찰력이 없었다. 나는 금연은 원칙과 의지가 필요한 어려운 도전이라는 걸 알았다(아니, 알았다고 생각했다). 내가 읽고 들은 모든 것들이 금연은 오랜 시간과 노력이 필요한 두려운 도전이며, 흡연 충동이 더 이상 찾아오지 않게 되기까지 끔찍한 금단 현상에 시달릴 것이라고 말했다. 그전에도 담배를 끊으려고 시도한 적이 두 번 있었지만, 이번엔 각오가 남달랐다. 평생 건강이라는 대의를 위해 고통을 받아들일 준비가 된 것이다.

과거 두 번의 금연 시도가 실패로 돌아간 데 기여한 가장 큰 장애물은 내가 흡연이 주는 기분을 너무 좋아했다는 것이다. 흡연 자체를 좋아한 건 아니지만, 담배를 피우면 마음이 편해지고 평화로운 기분이 드는 게 좋았다. 담배는 탈출구였다. 어려운 수업시간, 중요한 프레젠테이션, 심리학 연구소에서의 몇 시간 끝에 담배에 불을 붙이면 머릿속을 채웠던 스트레스가 한순간 사라졌다. 생각 따위는 던져두고 절실히 원하던 휴식에 빠져들 수 있었던 것이다.

내가 간절히 원했던 건 사실 니코틴이 아니라 긴장의 해소였다. 그 과정에서 어떤 대가를 치르게 되든, 금연을 통해 얻을 수 있는 혜택이 그보다 클 것이라는 걸 알았지만, 그때는 치러야 할 대가가 너무나도 커 보였다. 당시 나는 금연을 하면 그 '대가'로 더 이상 머릿속을 비우고 휴식을 취할 수 없게 될 거라고 생각했다. 나는 비흡연자가 된 내가 늘 팽팽한 긴장상태에서 지내는 모습을 상상했다. 물론 폐는 깨끗해지겠지만.

나는 습관에 대해 같은 종류의 걱정을 내비친 사람들을 수도 없이 만났다. 그들은 이렇게 묻는다. "그럼 나는 어디에서 평화와 안정을 찾나요?", "머릿속이 시끄럽고 복잡한데 어떻게 벗어날 수 있을까요?", "내 습관이 주는 환상적인 기분은 어쩌고요? 그런 기분을 다시 맛볼 수 있을까요?"

시간이 갈수록 점점 쉬워질 것이다. 그 점을 기억하자. 상황은 변하기 마련이다. 변화는 찾아올 것이고, 그렇게 변한 상황이 점차 당신의 새로운 일상이 될 것이다. 그때가 되면 마음의 안정을 찾기 위해, 기분을 개선하기 위해 더 이상 습관에 의존하지 않아도 된다. 그동안 당신은 마음의 안정을 얻기 위해서는 습관적 행동이 필요하다는 식으로 그 둘을 한데 묶어 생각해왔다. 하지만 당신이 느꼈던 그 좋은 기분은 모두 당신 안에서 생겨난 것이다. 머릿속이 조용해지면 기분이 좋아진다. 그동안은 시끄러운 머릿속을 가라앉히기 위해 습관에 기댔지만, 습관이 사라지고 나면 당신은 머릿속이 저절로 조용해질 때까지 기다릴 기회를 갖게 되는 것이다. 이제 당신도 생각에 자기 교정 메커니즘이 있다는 사실을 이해하기 때문에, 생각이 저절로 차분해지는 건 당연하다는 사실을 알 것이다. 저절로 생각이 가라앉은 뒤 찾아오는 명확성이 이제 당신의 새로운 일상이 될 것이다.

세 번째로 금연을 시도하면서 나는 알렌 카의 『스탑 스모킹Allen Carr's Easy Way to Stop Smoking』(2004)을 읽었다. 카의 접근법은 담배를 끊어야 하는 이유가 아니라 흡연자들이 담배를 계속해서 피우는 이유에 주목했다. 그 주된 이유 중 하나는, 나처럼 다른 흡연자들도 담배를 끊고 나면 더 이상 마음의 안정을 찾지 못할 것이라는 두려움에 빠졌기 때문이다.

카의 핵심 메시지는, 일단 니코틴 중독이 사라지면 새로운 일상이 찾아오고, 담배를 끊은 뒤에도 마음의 평화와 안정을 즐길 수 있게 된다는 것이었다. 하지만 이번엔 담배의 도움 없이 스스로 내면으로부터 평화와 안정을 찾을 수 있다고 했다. 이 책에서 사용한 표현을 빌리자면, 당신에게 어떤 습관이 있든, 습관을 통해 얻는 안정과 기쁨은 대체로 충동에서 비롯된 긴장을 완화하는 데서 온다는 사실을 아는 게 중요하다는 얘기다. 다시 말해, 충동 자체가 사라지면, 우리가 완화해야 할 긴장 역시 줄어든다. 물론 습관을 떨쳐낸 뒤에도 여전히 스트레스와 긴장을 경험할 것이다. 하지만 모두에게 그렇듯 그와 같은 기분은 저절로 왔다가 사라지며, 그땐 습관에 의지하지 않고도 본래 자신의 자연스러운 상태로 쉽게 되돌아갈 수 있다.

새로운 일상에 더 이상 충동이 존재하지 않으면, 습관이 존재할 이유도 없다. 하부 뇌가 더 이상 그 습관에 집착하지 않으면, 전과는 다른 건강한 방식으로 평화와 안정을 느끼게 된다. 불편한 기분이 찾아와도 그 기분을 신호로 활용해 자신도 인지하지 못한 사이에 생각의 힘을 잘못된 방식으로 사용하고 있다는 사실을 깨닫게 될 것이며, 따라서 한 걸음 물러선 채 머릿속이 저절로 맑아지길 기다릴 수도 있게 될 것이다.

충동을 새롭게 이해하는 순간, 더는 충동에 굴복하지 않아도 내면으로부터 마음의 평화를 얻을 수 있게 된다. 마치 습관 덕분에 기분이 좋아진 것 같아 보이지만, 실제로 습관은 충동을 통해 불편한 기분을 형성한 뒤, 습관을 따름으로써만 그 불편을 해소할 수 있다고 설득해 우리를 길들인 것뿐이다. 습관적인 행동을 통해 얻은 휴식은 우리가 본연의 상태에서 얻을 수 있는 휴식만큼의 편안함을 주지 못한다. 습관을 떨쳐내면 그 '본연의 상태'의 기준선도 상승할 것이고, 그에 따라 더 큰 마음의 평화를 얻을 수 있게 될 것이다.

당신은 새로운 차원의 새로운 일상에 도달할 것이며, 그곳에서 당신은 습관에 얽매이지 않고 경험을 있는 그대로 온전하게 누릴 수 있다. 그리고 그 새로운 일상은 그곳에 도달하기까지의 노력을 크게 보상할 것이다.

17장

2보 전진을 위한 1보 후퇴

16장까지 모두 읽고 난 뒤 습관이 사라졌다고 상상해보자. 이제 당신은 자신의 충동을 새로운 시각에서 보게 되었다. 충동은 그저 알람시계처럼 작동하는, 순간적인 생각일 뿐이며, 주의를 기울이거나 저항하지 않으면 이내 목소리를 잃고 마는 무력한 몸속 도마뱀에 불과하다는 사실을 보게 된 것이다. 그래서 이제 충동이 찾아오더라도 과거처럼 충동을 행동으로 옮기지 않게 되었다.

충동을 자주 묵살하면 충동도 변한다. 당신은 이제 충동을 단단한 시멘트 재질로 바꾸는 대신 충동이 저절로 증발하거나, 균열하거나, 사라지게 놓아둔다. 이제 당신은 충동으로부터 자유로워졌고, 삶은 지난 몇 년에 비해 훨씬 수월해졌다.

그러던 어느 날, 당신은 난데없이 다시 습관적인 행동을 하고 만다. 잠깐 찾아온 혼란의 순간 아이의 안전, 미래 재정 상태, 이웃의 평가, 소비 습관, 온라인에서 낭비한 시간 등에 대한 생각에 다시 강박적으로 빠져들고 만 것이다.

고객들과 오랜 세월 습관 개선 훈련을 하다 보면 이와 같은 일은 늘 발생한다. 예외적으로 일부 고객이 겪는 일이 아니라 거의 모두가 겪는다. 그래서 습관에서 벗어났던 고객이 몇 달 뒤 다시 나를 찾아와 "또 저지르고 말았어요"라고 말한다고 해도 나는 전혀 걱정하지 않는다.

잠시 시간을 들여 이와 같은 현상을 있는 그대로 받아들여보자. 이 현상에 대한 이해가 이 책을 통해 얻게 될 가장 중요한 교훈일지도 모르기 때문이다. 나는 습관을 끊어냈다고 생각한 뒤에 다시 습관적 행동을 반복하게 되는 건 예외적인 현상이 아니라 당연한 일이며, 그와 같은 행동에 의미를 부여할 이유는 전혀 없다고 본다. 그저 당신의 머릿속이 바쁜 생각으로 가득 찼다는 사실이 반영된 것뿐이니까.

고객이 다시 습관적인 행동을 반복했다고 해도 나는 아무런 걱정도 하지 않지만, 고객들의 경우에는 대체로 상심한다. 그들은 대체 무슨 일이 벌어진 건지, 어째서 나쁜 습관이 되돌아왔는지 알고 싶다. 또 회복은 불가능하다고, 이와 같은 퇴보가 자신의 미래를 말해준다고 확신하기 시작한다. 그들은 심지어 이렇게 말하곤 한다. "어쩐지 너무 좋더라니. 그런 게 진짜일 리 없지", "아무렴. 습관을 떨쳐내는 일이 그렇게 간단할 리가 없지."

물론 이들이 이렇게 반응하는 건 당연하지만, 그건 잘못된 정보 탓이다. 사회 규범과 일부 유명 중독 치료법들은 습관에 관한 한 흑과 백의, 죽느냐 사느냐 식의 사고방식을 강요한다. 기차에 올라타거나 내리거나, 문제를 해결하거나 교착상태에 빠지거나 둘 중 하나라는 식이다. 하지만 그와 같은 접근법은 습관에 대해 생각할 수 있는 한 가지 방식에 불과하며, 그 방식이 늘 정확하거나 도움이 되는 건 아니다.

그보다 훨씬 정확하고, 대단히 유용한 방식이 있다. 바로 습관적인 행동을 다시 반복하게 되는 일은 아주 흔할 뿐 아니라, 그 행동에 의미를 부여할 이유가 전혀 없다는 사실을 이해하는 것이다.

하부 뇌

하부 뇌에 대해 아는 사실들을 되짚어보자. 하부 뇌는 기계적이고 외부 영향에 대단히 취약하다. 하부 뇌는 생각과 행동을 움켜쥐고 그것들을 패턴화하거나 조건반응을 부여한다. 특히 감정과 신경화학적 요소로 가득한 생각과 행동들을 주 먹잇감으로 삼는다. 물론 뇌 활동만으로 당신이 어떤 기분이나 생각에 갇히지는 않는다. 뇌는 그보다 훨씬 강력한 무언가에 의해 만들어지고 동력을 얻는 물리적 기계일 뿐이기 때문이다. 모든 경험을 가능하게 만드는 힘은 우주적 사고라고 불리는 영적 에너지로 뇌 활동은 그와 무관하다. 하지만 아주 제한적인 뇌과학의 영역에서 봤을 때 뇌는 패턴을 반복하고 습관을 형성하는 경향을 보인다.

어떤 생각이나 행동을 꾸준히 반복할수록 그 생각이나 행동을 대표하는 신경 연결통로가 강화된다. 울창한 숲속을 산책한다고 생각해보자. 매일 정확히 같은 경로를 따라 숲을 지나면 당신의 발자국은 풀과 잡초 사이로 길을 내기 시작한다. 시간이 지날수록 그 길은 더 또렷해지고, 이제 당신이 밟아 만든 그 길은 정식 통로로써, 숲을 가로지르는 가장 빠른 경로로 자리 잡게 된다. 여전히 잡초가 무성한 숲을 지나기 위해 당신이 굳이 또 다른 경로를 만들 가능성은 점점 줄어들고, 이미 다져진 길을 따라가려는 당신의 성향은 짙어진다.

같은 일에 대해 반복해서 생각하고 몰두함으로써 그 생각을 초강력 신경 접착제로 바꿔왔다면, 혹은 동일한 행동을 계속해서 반복해왔다면 당신의 뇌에서도 이와 유사한 현상이 벌어진다. 습관적인 생각과 행동으로 가장 쉽고, 자연스럽고, 빠르게 이어지는 신경 연결통로를 뇌 안에 스스로 '다져온' 것이다. 그래서 습관을 떨쳐낸 뒤 먼 길을 왔다 하더라도 당신의 뇌에는 여전히 그 흔적이 남아 있다. 덕분에 뇌 영역 밖의 에너지가 무엇을 가능하게 하는지 깊이 이해하지 못하면 습관적인 행동을 쉽게 반복하게 되는 것이다.

같은 습관을 40년간 유지해온 고객을 코치한 적이 있다. 40년 동안 같은 길로만 숲을 지난 셈이다. 기간이 40년이 되었든 40일이 되었든, 한번 밟히고 다져진 길 위에서 하룻밤 사이에 풀이 자라날 수는 없다. 그러니 어느 시점엔가 그동안 숙달해온 생각이나 행동을 다시 반복하는 건 충분히 있을 수 있는 일이다.

엄청난 통찰력을 얻은 뒤에라도, 심지어 아주 오랜 기간 충동을 묵살했거나, 한동안 충동이 찾아오지 않았거나, 습관을 떨친 지 한참 되었더라도, 난데없이 충동이 찾아오거나 그 충동에 굴복하는 일이 딱히 충격적인 일은 아니라는 것이다.

그건 오히려 지극히 정상적인 현상이다.

애니의 손톱 물어뜯는 습관 이야기

애니의 습관은 손에 있었다. 애니는 무의식중에 손톱과 그 주변을 피가 날 때까지 물어뜯는 버릇이 있었다. 그뿐만 아니라 손가락 관절을 꺾거나 손을 쥐어짜는 등 손이 부어오르고 아플 때까지 손에 엄청난 압력을 가하기까지 했다.

애니는 과연 자신의 습관이 치료 가능한 것인지 걱정했는데, 그녀의 행동 대부분이 무의식중에 일어나는 일이기 때문이었다. 애니는 자신도 모르게 손톱을 깨물고, 손가락 관절을 꺾거나, 쥐어짜다가 한순간 '알아차리게' 되었고, 심지어 한동안 자신이 그러고 있다는 사실을 인지하지 못하기도 했다.

하지만 우리가 습관의 본질에 대해 이야기를 나눌수록, 그리고 애니가 자신의 습관적 행동이 동반하는 기분을 인지할수록, 스스로 습관적인 행동에 몰두해 있다는 사실을 알아채는 반응속도가 점점 빨라졌다. 나는 애니에게 충동이나 습관적인 행동을 알아채면 가능한 빨리 그 행동을 멈출 것을 당부했다. 나는 그녀에게 내재된 건강이 제 역할을 할 것임을, 자신이 손을 상처 입히고 있다는 사실을 지각하는 데 걸리는 시간이 점점 단축될 것임을 알고 있었기 때문이다. 그리고 애니는 정확히 내 예측대로 되었다. 손톱을 깨무는 애니의 습관은 몇 달 사이에 크게 줄었고, 동시에 손가락 관절을 꺾거나 손을 쥐어짜는 습관도 거의 사라졌다. 애니는 매우 기뻤다.

그러나 몇 달 뒤, 애니는 패닉 상태에서 내게 이메일을 보냈다. 다시 습관적인 행동을 하고 만 것이다. "다시 원점으로 돌아왔어요." 그녀가 이렇게 적었다. "우리의 모든 노력은 아무 소용도 없었어요."

실제로 일어난 일은 이렇다. 변호사인 애니는 어느 날 아주 중요한 참고 서류를 검토하는 도중에 손톱을 물어뜯기 시작했다. 늘 그랬듯 이번에도 애니는 자신의 행동을 바로 알아채지 못했다. 큐티클이 떨어진 자리에서 난 피가 노트북 키보드에 떨어지고 나서야 애니는 자신이 손톱을 물어뜯고 있었다는 사실을 알아차렸다.

검토 중이던 서류 때문에 스트레스를 받아 기분이 이미 나쁜 상태였을 수도 있고, 키보드 위에 떨어진 핏방울을 보고 스트레스가 폭발한 것일 수도 있다. 아니면 습관이 사라진 것을 자축하게 된지 얼마 지나지 않았다는 사실 때문일 수도 있다. 이유가 무엇이었든, 애니는 자신의 '퇴보'에 대해 과민반응을 보였다. 그녀는 자신의 발전이 결국 아무것도 아니었고, 자신은 습관에서 절대 벗어날 수 없으며, 스스로를 자랑스러워 한 것 자체가 바보 같은 짓이었다고 확신했다. 그 순간 애니의 눈에 비친 상황은 그랬다.

그 후 며칠 동안 애니는 손톱을 깨무는 습관이 다시 돌아왔다는 걸 알아차렸다. 그리고 충동을 알아차리고 묵살하는 대신 굴복하고 말았다. 애니는 이렇게 생각했다. "그게 다 무슨 소용이야?" 패배감에 빠진 그녀에게는 모든 게 자신이 구제불능임을 보여주는 신호로 보였다.

단 한 번의 퇴보에 대한 애니의 해석이 그녀를 궤도에서 벗어나게 했다는 사실을 쉽게 확인할 수 있다. 그녀에게 상처를 준 것은 행동이 아니라 그녀가 자신의 행동에 부여한 의미였다. 하지만 애초에 그럴 필요가 전혀 없었던 것이다.

퇴보는 정상이다

애니의 요청에 따라 '긴급 상담'을 가졌고, 나는 그녀에게 이런 말을 했다.

"만약에 서류를 검토하는 와중에 피가 키보드에 떨어진 걸 봤을 때, 달리 생각하게 되었다면 어땠을까요? 물론 당신이 했던 생각이 잘못되었다는 건 전혀 아닙니다. 이건 스스로를 탓하거나, 변화시키거나, 혹은 고쳐야 할 문제가 아니에요. 중요한 건 그 무고한 작은 핏방울 하나에 당신이 부여한 의미가 그 후 몇 주 동안 당신의 궤도를 어떻게 바꾸어놓았는지 들여다보는 것이죠.

단 한 번 손톱을 물어뜯은 행위를 중요하고 의미 있는 일로 본 것이 그 행동을 중요하고 의미 있게 만든 것입니다. 만일 '아이고, 내가 또 손톱을 물어뜯은 모양이구나' 하고 생각한 뒤 곧바로 행동을 멈췄더라면 그 다음 며칠은 전혀 달랐을 거예요. 스스로에게 연민을 가지고 '이런, 내가 스트레스가 많았나보구나!' 하고 생각했거나, 혹은 인내심을 가지고 '지금 손톱을 물어뜯고 있긴 하지만 이제부터는 어떻게 해야 하는지 정확히 알고 있지'라고 생각했더라면 모든 게 달랐을 겁니다. 아마 스스로 손을 상하게 하는 행동을 당장에 멈추고 그 후에 찾아온 충동들도 묵살할 수 있었을 거예요. 아마 그랬다면 핏방울이 키보드에 떨어지기 전의

상태, 그러니까 습관으로부터 자유로운 상태로 금세 돌아갈 수 있었을 거라고 생각합니다.

퇴보하는 건 전혀 문제될 게 없어요. 대부분의 사람들이 습관적인 생각과 행동을 다시 반복하죠. 우리는 인간이니까요. 완벽하게 꾸준할 수도, 로봇처럼 다음 행동을 예측할 수도 없어요. 당신은 자신도 모르는 사이에 그 행동을 단순 반복함으로써 스스로 손을 상하게 만들도록 뇌를 가르친 거예요. 그리고 지금은 그 행동을 하지 않도록 다시 뇌를 가르치는 중입니다. 모두 과정일 뿐이죠. 퇴보 전에도 잘 해왔지만 지금도 아주 잘 하고 있어요."

내가 한 말이 애니에게 어떤 울림을 전했던 게 분명하다.

그녀는 자신의 유일한 문제가 다시 습관적인 행동을 반복한 일에 대한 자신의 반응뿐이라는 사실을 깨달았다. 퇴보 자체는 전혀 문제될 것이 없었다. 그와 같은 행동은 그녀 자신이나 미래와는 아무런 관련이 없었다. 그냥 다시 손톱을 깨문 것일 뿐.

그래서 애니는 다시 시작했다. 그녀는 최선을 다해 충동을 묵살했고, 아주 짧은 시간 내에 자신이 원래 있던 곳, 습관으로부터 자유로운 일상으로 되돌아가게 되었다.

18장

이미 알고 있는 것은 잊어라

내 멘토 중 한 분은 이 훈련을 '백지장 되기'라고 부른다. 개인적인, 의견이 반영된, 그리고 비판적인 생각은 무슨 수를 써서든 최대한 버려두고, 지금 이 순간을 열린 마음으로 받아들이는 훈련이다. 머릿속이 생각으로 가득 차지 않은 상태에서 '백지장'이 되면, 있는 그대로의 삶을 발견할 수 있다. 반대로 자신의 신념과 아이디어로 머릿속을 가득 채운 '비법 노트' 상태가 되면 아무것도 발견할 수 없다. 대신 그저 당신이 안다고 생각하는 사실을 확인하는 데 그칠 뿐이다.

발견은 확인과 전혀 다르다. 발견은 변화로 이어지지만 확인은 확신으로 이어진다. 변화를 원하는 당신이 가야 할 길은 발견의 길이다. 원할 때면 언제든 지혜, 상식, 그리고 유용한 아이디어의 힘을 빌릴 수 있다. 머릿속이 생각으로부터 상대적으로 자유로울 때 이것들을 발견할 수 있다.

습관 개선에 관한 전문가들의 의견을 구할 때, 심지어 그들의 이야기에 공감할 수 없을 때에도 당신은 그들의 생각에 호의를 베푸느라 내면의 목소리를 무시하고 만다. '백지장'이 되려면 다른 사람들의 의견에도 얽매이지 않아야 하며 그제서야 비로소 당신에게 맞는 길을 찾을 수 있다.

습관이 당신을 거북하게 만들거나 불편하게 해도 계속해서 습관적 행동을 반복하는 이유는, 생각이 상식의 목소리를 가리기 때문이다. 건강, 평화, 명확성의 앞을 가로막는 것도, 당신의 '비법 노트'를 가득 채우는 것도 바로 당신의 생각이다. 당신이 그동안 알고 있다고 생각한 것들을 놓아버리자. 모든 일이 겉으로 보이는 것과 완전히 똑같지는 않다는 사실을 떠올리다 보면, 새로운 생각이 비집고 들어올 공간이 생긴다. 그때부터는 지식보다 훨씬 현명한 무언가가 당신의 길잡이가 되어줄 것이다.

스스로 안다고 생각했던 것들을 놓아버릴수록 더 큰 자유가 찾아올 것이며, 더 많은 것을 발견하게 될 것이다.

'스스로 안다고 생각했던 것들을 놓아버릴수록 더 큰 자유가 찾아올 것'이라는 진실을 나는 폭식 습관을 떨쳐내는 과정에서 명확히 볼 수 있었다.

수년 동안 나는 내 몸매가 어때야 하는지, 내 몸이 어떻게 기능해야 하는지 정확히 알고 있다고 생각했다. 나는 거의 매 끼니를 건강한 음식으로 채워야 한다고 믿었고(물론 '건강한 음식'에 대한 정의도 내가 만든 것이었다), 아주 가끔씩만 덜 건강한 음식을 보상 삼아 먹었다. 아주 특수한 상황을 제외하고는 배고프지 않을 때는 절대 아무것도 먹어서는 안 된다고 생각했다. 또한 하루에 한 시간, 일주일에 적어도 여섯 번은 운동을 해야 한다고 생각했고, 운동은 힘들어야지 재미있어서는 안 된다고 믿었다.

돌아보면 이렇게 세부적이고 엄격한 '성공 레시피'가 머릿속에 들어 있었다는 사실이 놀라울 따름이다. 당시 내게는 스스로 만든 규칙들을 정확히 따르기만 하면 체중을 유지할 수 있을 것 같아 보였다. 다시 말하면, 조금이라도 계획에서 벗어나면 체중 유지 실패는 당연한 일이었다.

내 계획들을 보며 '그게 당연한 거 아닌가? 건강하고 날씬해지려면 그렇게 해야지'라고 생각할지 모른다. 그렇게 생각했다 해도 그건 절대 당신 잘못이 아니다. 이와 같은 규칙이 유용하고, 심지어 체중과 날씬한 몸매를 유지하는 데 필수 요소라고 말하는 전문가들이 많으니까 말이다. 하지만 문제는 시중에 떠도는, 특히 신체적 건강, 체중, 몸매에 관한 거의 모든 의견이 저마다 이를 뒷받침하는 과학적인 증거를 기반으로 한다는 점이다. 다시 말해, 당신이 어떤 생각을 가지고 있든 그 의견을 지지하는 전문가를 어떻게든 찾을 수 있다는 말이다. 그리고 한 전문가가 맹신하는 방법(탄수화물 다이어트, 고강도 유산소 운동, 카페인 다이어트 등)이 틀렸다고 말하는 전문가도 반드시 있다.

이와 같은 방정식의 한쪽 면만을 본 게 내 문제였다. 나는 내 개인적 의견에 동의하는 전문가들은 물론 그 모든 생각을 뒷받침하는 과학적 증거도 찾을 수 있었다. 그래서 거기에 갇힌 것이다. 어떤 사안에 대해서는 그 이론과 반대되는 시각이 있을 수 있다는 사실을 인지하지조차 못했다. 내 방법이 옳다는 확신을 얻기 위해 나는 일부 전문가들의 조언을 근거로 활용했고, 그러는 동안 나는 내가 개인적인 생각에 집착하고 있다는 사실을 완전히 간과하고 말았다. 지나고 나서 보니 내 안의 지혜가 목소리를 내려고 얼마나 많은 노력을 했는지 보인다. 더 쉬운 방법이 있을지 모른다는 느낌이 종종 들었지만, 나는 내 생각이 그 느낌을 가리도록 놔두었다.

이제 나는 내가 생각에 집착하고 있었다는 사실을 안다. 직접 세운 식습관과 운동 규칙에 대해 거부감을 느꼈다는 사실 자체가 내가 지혜와 진실이 아니라 생각에 의존하고 있었다는 증거다. 나는 그 규칙들이 꼭 필요하다고 확신했지만, 내 식습관 및 운동 계획은 너무 가혹하고 엄격했다. 엄청난 원칙과 에너지가 필요한 계획이었고, 장기적으로 봤을 때 전혀 자연스러울 리 없었다. 지혜와 상식은 이런 식으로 살 수는 없다고 자주 목소리를 냈다. 하지만 나는 지혜의 목소리를 묵살했는데, 그건 그게 내가 보기에 남들보다 앞서가기 위한 최선의 방법이었고, 그래서 그 방법을 놓아버리기가 두려웠기 때문이다.

생각이 반박할 여지없는 진실인 것처럼 보일 때, 그것을 진실 또는 지혜와 구분하는 건 어려운 일이다. 하지만 다행히도 꼭 그래야 할 필요는 없다. 그냥 당신이 안다고 생각했던 일이 사실은 틀렸을지도 모른다는 생각을 적극적으로 받아들이고, 보다 명확하고 확실한 진실이 수면 위로 모습을 드러낼 때까지 기다리기만 하면 된다. 그 느낌, 특히 그 안정감과 명확성이 당신에게 그 차이를 보여줄 것이다. 당신의 주관적 논리와 이미 가지고 있던 지식 너머 더 깊은 곳에서 들려오는 목소리에 귀 기울일 의지만 있다면, 그 목소리는 저절로 들려올 것이다.

'내 몸이 필요로 하는 것들'에 관해 스스로 만든 규칙들을 더 이상 믿지 않기로 했을 때, 그리고 내가 아는 그 무엇도 확실한 건 아니라는 사실을 인정했을 때, 내 몸은 스스로 원하는 것과 필요로 하는 것들을 보여주었다. 변화가 결코 순식간에 일어난 건 아니었다. 하지만 시간이 지남에 따라 여러 차례에 걸쳐 통찰력과 질문들이 떠올랐고, 그것들은 나를 전혀 다른 곳으로 이끌어주었다.

나는 자주 디저트를 즐겨도, 적당한 강도의 정적인 운동을 하며 즐거움을 느껴도, 내게 맞는 자연스러운 체중을 유지할 수 있다는 사실을 깨달았다. 오랫동안 움켜쥐고 있던 생각을 놓아버리자마자 다양한 가능성이 수면 위로 모습을 드러냈다. "너무 어렵게 느껴지는 이 방법들이 사실 잘못된 것이었다면?"이라는 질문을 스스로에게 던진 뒤로, 나는 확인하기를 멈추고 자유롭게 발견하기 시작했다. 내 안의 지혜는 내게 맞는 선택지들을 가리켰다. 내 안의 상식이 나를 안내했다. 나는 내게 맞는 방식으로 먹고 운동했으며, 덕분에 더 편하고 자유로워졌다. 마치 긴 여행 끝에 마침내 집에 온 것 같은 기분이었다.

자기가 더 잘 안다고 주장하는 '생각'들을 묵살하는 일이 늘 쉽지만은 않았다. 그 과정은 내게도 어려웠다. 하지만 확실한 건, 그 새로운 길을 따라갈 때 전보다 훨씬 자연스럽다고 느꼈다는 것이다.

과거는 중요하지 않다

과거의 생각은 우리가 스스로를 똑똑하다고 여기게 만들며, 우리의 머릿속을 '비법'으로 가득 채운 채 터줏대감처럼 군다. 우리는 과거를 늘 짊어지고 다니다가, 오염되지 않은, 깨끗한 종이 같은 미래를 과거로 색칠한다.

머릿속에 아무 생각도 떠오르지 않은, 상쾌한 기분으로 눈을 뜬 아침을 생각해보자. 그런데 몇 초 지나지 않아, 아직 따뜻한 이불 속에서 몸을 일으키기도 전에, 어제 마구 지른 쇼핑 목록, 들이부은 술, 퍼부은 분노 등 불안정한 생각들이 머릿속을 채우기 시작한다. 이와 같은 생각들은 기억이다. 당신이 경험하는, 순간 스쳐가는 생각이라는 점에서 다른 생각과 동일하지만 더 이상 현실에서 존재하지 않는 일에 관한 것이라는 점에서 다르다. 기억은 생각 속에서만 존재할 수 있다.

당신은 무의식중에 이 생각들을 끌고 다니다가, 생각이 머릿속을 지나쳐 흘러가려는 순간 잡아채 다시 건져 올린다. 마침내 그 생각으로부터 자유로워지기 직전에 당신은 그 상태를 '벗어났다'거나 '그 주제를 무시'하게 되었다고 말함으로써 다시 그 생각들을 머릿속에 욱여넣는다. 나는 폭식을 하고 난 다음 날 아침엔 기분 나쁜 게 당연하다고까지 생각했다. 마치 그 수치심이 미래에 어떻게든 나를 보호해줄 것처럼. 내 고객 중 대다수도 동일한 기분을 경험했다고 털어놓았다. 하지만 이미 현재의 일이 아닌 일들에 대한 고통스러운 생각 속에서 나뒹구는 건 누구에게도 도움이 되지 않는다. 그저 당신의 마음을 상하게 할 뿐.

과거의 일에 대한 고통스러운 생각들이 밀려들 때 그게 현실이라고 여긴다면, 당신은 틀렸다. 당신의 '똑똑한' 생각들이 잦아들고, 상대적으로 평화롭고 차분한 기분이 드는 그때가 당신의 현실이다. 어딜 가든 습관에 대한 기억을 습관적으로 가지고 다니는 건, 현실에 가면을 씌운 채 머릿속에만 갇혀 사는 일이다.

머릿속을 스치는 모든 생각에 책임감을 가지지 않아도 된다. 대신 당신이 무의식중에 그와 같은 생각에 어떻게 집착하고 있는지, 그 생각들을 어떻게 움켜쥐고 있는지 통찰력 있게 들여다보는 것만으로도 그 생각들을 잠재우는 데 꽤 효과가 있다. 생각이 어떤 원리로 작동하는지 그 진실을 보는 것만으로도 집착의 손을 느슨하게 풀어낼 수 있고, 그 순간 더 깨끗한 백지장이 될 수 있다.

습관을 영원히 과거에 남겨두기 위해서는, 과거의 기억들은 과거에 놓아둔 채 눈앞에 놓인 미래를 깨끗한 백지 상태에서 맞이해야 한다.

19장

건강한 습관, 내면의 습관

우리가 목표를 세우는 이유, 좋은 습관을 가지려고 노력하는 이유는 결국 더 나은 삶에 대한 기대에서 비롯된다. 행복과 만족이 마치 외적 요소를 통해 얻어지는 것처럼 보일 때가 있다. 예를 들어, 상황을 우리 자신에게 최적화할 수 있을 때 우리는 행복을 느낀다. 반면 상황에 무언가 결핍되어 있을 때 우리는 고통을 느낀다. 우리는 외적 요소를 완벽하게 갖출 수 있다면 그동안 꿈꿔온 내적 즐거움과 만족감을 손에 쥘 수 있을 거라고 합리화한다.

파트너를 잘 만난다면, 좋은 커리어를 선택한다면, 좋은 집에서 산다면, 좋은 가족, 친구, 취미가 있다면 보다 만족스러운 삶을 누릴 수 있을 것이라고 기대한다. 반면 스트레스를 가하는 요인들, 스트레스를

'만들어내는' 상황들을 나열하는 것 역시 어렵지 않다. 살면서 들은 스트레스 요인은 많고도 많으며 당신에게도 고통은 피할 수 없는 일 같아 보인다.

사람들은 외부 환경이 자신의 기분을 좌지우지한다고 믿지만, 사실 그 믿음은 오해에 불과하다. 삶에 대한 경험은 외부에서 만들어져 내부에 쌓이는 것이 아니다. 우리를 둘러싼 환경은 우리의 기분을 만들어낼 수 없다. 우리는 내부로부터 삶을 경험한다. 순간순간의 생각을 기분으로 느끼고, 그와 같은 생각과 기분이 경험을 만들어내는 것이다. 경험은 오직 이 한 방향으로만 쌓인다.

우리가 아무 생각 없이 받아들인 '경험은 외부로부터 형성된다'는 믿음의 실체를 깨닫고 나면, 달성만 하면 최상의 만족감을 선사할 것 같던 목표나 건강 습관이 사실은 그렇지 않다는 걸 깨닫게 되는 건 당연하다. 예를 들어, 당신이 건강한 습관을 형성하기 위해 조건을 설정했다고 가정해보자. 목표는 물을 더 많이 마시는 것이다. 하루에 8잔, 혹은 최신 건강 비결이 최선이라고 말하는 양의 물을 마시기로 한다.

훌륭한 목표다. 그리고 당신의 목표에는 (근거는 없지만) 지속적인 행복을 보장하는 전형적인 지표들이 여럿 포함되어 있다. 당신은 더 건강하고 행복해질 것이며, 더 많은 에너지와 반짝이는 피부를 갖게 될 것이다. 어쩌면 살도 몇 킬로 빠질지 모르고, 그렇게 되면 모두가 당신을 사랑할 게 분명하다. 과연 그럴까? 하지만 이게 바로 '외적 요소 개선에 중점을 둔 목표'가 주는 기분이다.

당신이 그 목표를 선택한 이유는 목표를 달성했을 때 얻게 될 기분에 대한 기대 때문이다. 하지만 삶에서 느끼는 순간순간의 행복은 빛나는 피부나 친구들의 경탄이 아니라 자신의 머릿속에서 나온다. 물을 많이 마신 사람이건, 많이 마시지 않은 사람이건 시시각각 다양한 생각을 한다. 그리고 우리 모두는 매 순간 머릿속에 떠오른 생각만을 경험한다.

물을 더 많이 마신다고 해서 기분이 좋아질 리 없다는 게 아니다. 아마 몸이 좋아진 것 같은 기분을 느끼게 될 것이고, 건강한 습관을 갖게 된 스스로가 자랑스럽기도 할 것이다. 하지만 그와 같은 기분은 영원할 수 없다. 변화가 찾아오고, 초반에 느꼈던 흥분이 가라앉고 나면, 당신의 생각은 습관적으로 초기값으로 돌아간다. 더 많은 물을 마셨는데도 기분은 이전과 같은 것이다.

영원한 기쁨을 기대하며 목표나 습관을 달성했다면 그 흥분이 가셨을 때 누군가 단꿈에 빠진 당신을 사정없이 흔들어 깨우는 듯한 경험을 하게 될지 모른다. '외적 요인을 통해 내적 행복을 얻는' 실수에 갇힌 사람은 목표를 달성하는 순간 삶이 극적으로 개선될 것이라고 기대한다. 하지만 실제 결과물이 그와 같은 만족감을 주지 않았을 때 새로운 알람이 울리기 시작한다. 혼란스러운 생각이 불쑥 끼어들어 "문제가 뭐야? 내가 목표를 잘못 세운 거야? 이 목표나 습관이 내가 기대한 기분을 선사하지 않았다는 건 목표 자체가 잘못되었다는 뜻 아닐까?"라고 말한다.

그 시점에 많은 사람들은 목표를 새로 설정한다. 이번에는 분명 그 목표가 지속적으로 행복한 기분, 성공했다는 만족감을 줄 것이라고 확신하면서 목표 달성 과정에 착수한다. "물을 더 많이 마시는 건 답이 아니었나 봐. 내가 진짜 원한 건 요가를 시작하는 거였어(이들은 트라이애슬론에 참가하거나, 세계여행을 하거나, 명상을 시작하거나, 책을 쓰거나, 결혼을 하거나, 사랑을 하거나, 이혼을 하거나 등의 외적 요소를 자신들이 기대하는 특정한 기분과 연관시킨다)."

그렇게 우리는 계속 외적 요소를 좇다가 결국 불만족스러운 기분을 느끼고, 다시 외적 요소를 좇는 덫에 갇히고 만다. 우리는 문제가 뭔지, 왜 상황이 개선되지 않는지 궁금하지만, 애초에 잘못된 나무를 흔들고 있었다는 사실은 정작 깨닫지 못한다.

살아가기

그렇다고 내가 목표를 세우거나, 건강한 습관을 쌓거나, 목표 달성을 위해 노력하는 걸 싫어하는 건 아니다. 무언가를 하고, 성취하고, 세상이 놀랄 만한 결과물을 내놓는 건 신나는 일이다. 행동하고 창조할 때 우리는 살아있다는 기쁨을 느낀다. 하지만 그건 우리가 그 활동을 그것이 제공하지 못할 무언가를 얻기 위한 수단으로 사용하지 않을 때 해당되는 얘기다.

만약 목표나 습관, 외부 조건이 답이 아니라면, 우리는 삶의 무엇으로부터 깊은 만족과 기쁨을 찾을 수 있을까? 순간순간을 사는 게 그 답이다. 지금 이 순간, 판단도, 기준도 개입하지 않은 순수한 삶의 경험으로부터 우리는 깊은 만족과 기쁨을 찾을 수 있다.

생각이 잦아들고, 삶이 있는 모습 그대로 눈앞에서 펼쳐지도록 놓아둔 채 현재에 집중할 때 우리는 삶의 경험으로부터 최대한 많은 것을 얻을 수 있다. 우리가 삶에 대해 생각만 하는 게 아니라 있는 그대로의 삶을 온전히 살아낸다면, 빨래를 개는 일에서도, 서류를 파일로 정리하는 일에서도 꿈꾸던 휴가를 떠날 때보다 더 큰 기쁨을 얻을 수 있다. 깊은 생각에 잠겨 있기보다 그 순간에 깊이 빠져드는 게 진짜 사는 것이다. 그런 삶을 살 때 좋은 기분을 얻을 수 있다. 그런 삶은 지속적인 만족감을 선사하고, 나쁜 습관을 사라지게 한다.

인생을 온전히 살아간다는 게 무엇인지 확인하고 싶다면 아이들을 보면 된다. 아이들도 어른과 마찬가지로 흘러왔다 흘러가는 생각의 세상에 살고 있지만, 그들은 생각에 대해 생각하지 않는다. 아이들의 생각은 방해받지 않고 자연스럽게 오고 가는데, 그들이 생각의 흐름을 막아서지 않기 때문이다. 마찬가지로 아이들은 눈앞에 펼쳐진 인생을 그대로 받아들이기 때문에 삶을 보다 순수하게 경험할 수 있다.

아이들은 삶을 살아가는 데 탁월하다. 생각 속에서 길을 잃는 일이 없기 때문이다. 아이들은 눈앞의 상황에 몰두한 채 거의 모든 일에서 즐거움을 경험한다. 나는 내 아이들에게서도 늘 그 사실을 확인한다. 장거리 자동차 여행, 줄서기, 장보기 등 어른들은 보통 지루하게 여기는 일들이 아이들에게는 파티가 되기도 한다. 또 아이들은 자신을 둘러싼 각종 시청각적 요소에 몰두한 채 그 안에서 자연스럽게 즐거움을 찾기도 한다. 아이들은 그다음에 뭘 할지에 대해 고민하거나, 그들이 가고 싶은 다른 곳에 대해 떠올리지 않는다. 그래서 아이들은 지금 자신이 속한 상황을 마음껏 사랑할 수 있다. 계산대의 어느 줄이 더 빨리 줄어들지 내기를 걸고, 숨바꼭질을 하고, 은행에서 만난 다른 손님에게 우스꽝스러운 표정을 지어 보인다. 자신이 탄 자동차가 달 탐사에 나선 우주선이라고 상상하기도 한다. 아이들은 삶에 푹 빠져 있기 때문에 그 안에서 어마어마한 기쁨을 찾는다.

나이가 들어 생각에 사로잡히기 시작하면서 우리는 더 이상 어릴 때와 같은 눈으로 세상을 바라보지 않게 되었다. 이제 매일의 삶에서 펼쳐지는 순간순간의 기쁨과 놀라움을 더는 경험하지 못하기 때문에, 그와 같은 기분을 얻기 위한 방법을 찾아 나선다.

그리고 그 방법을 찾기 위해 우리는 외적인 요소들에 집중한다. 하지만 타고 있던 자동차나 둘러보던 식료품 가게는 그냥 지나친다. "기쁨이나 놀라움이 저런 곳에 있을 리 없지!" 분명 뭔가 더 엄청난 곳이 있을 테니까. 우리는 자신의 시야를 더 큰 것, 기분을 확실히 좋아지게 할 무언가에 맞춘다. 딱 맞는 청바지를 사거나, 훌륭한 사람들과 친구가 된다거나, 혹은 (청소년기에는) 완벽한 생일파티를 여는 것 등을 목표로 삼는다. 우리는 목표를 달성하면 재미와 만족감을 동시에 찾을 것이라 믿어 의심치 않지만, 그 목표들은 우리가 원하는 지속적인 기쁨을 선사하지 않는다. 그래서 스스로 알지도 못하는 사이에 우리의 생각은 그보다 더 크고 더 나은 목표를 향한다. 그 목표 중 무엇도 우리가 좇던 아이 때의 순수한 기쁨을 되돌려주지 않지만 그래도 어쨌든 우리는 계속해서 시도한다. 그때로 다시 돌아갈 방법이 분명 있을 테니까 말이다

사실 방법은 있다. 그러나 무언가를 하는 건 그 방법이 될 수 없다. 그 방법은 우리 안에 있기 때문이다. 생각이 차분할 때, 그저 살아갈 때 얻을 수 있는 기분에 그 답이 있다. 성취를 위한 목표 설정은 여러 측면에서 우리의 삶을 더욱 풍족하게 한다. 성공과 돈을 안겨주고, 생산적인 일원으로서 사회에 자리매김하게도 해준다. 하지만 매 순간 지속적인 만족감을 주지는 않는다.

나쁜 습관을 떨쳐내면 물론 더 나은 삶을 살 수 있지만, 그 역시 만능 해결책은 아니다. 우리가 얻게 될 그 모든 성취나 긍정적 변화와 마찬가지로, 습관으로부터의 자유는 한동안 우리를 아주 즐겁게 할 것이

다. 오래도록 감사하는 마음을 갖게 해주기도 한다. 나 역시 내가 오랜 습관에서 벗어났다는 사실이 여전히 놀랍고 감사하다. 하지만 그 즐거운 시간이 끝나면 우리는 습관으로부터 자유를 얻은 상태로, 머리로 살던 시절로 되돌아간다. 소통, 목표, 사랑, 즐거움 등 모든 인간이 갈망하는 깊은 감정을 얻기 위해서는 살아가는 연습이 필요하다. 우리가 원하는 모습의 세상을 상상하거나 갈구하는 대신, 있는 그대로의 세상 속에서 의미 있는 존재가 되어보자.

그건 생각보다 쉬운 일이다. 생각이 차분히 가라앉고, 지금 이 순간을 편안한 마음으로 즐길 수 있게 되면, 이내 삶이란 꽤나 놀라운 것이라는 사실을 발견하게 될 것이다. 지금 이 순간처럼.

마치며

내게는 첫 아이의 임신이 생각처럼 쉽지 않았다. 18개월 동안 18번의 임신 실패 소식을 들으면서 모든 의욕이 사라지고 말았다. 절망감과 두려움에 제정신이 아니었다. 그러던 어느 날 현명한 친구 하나가 내게 물었다. 평생 잊히지 않는 질문이었다.

"이 고난이 너에게 줄 수 있는 최고의 선물은 뭘까?"

당시 내가 상상할 수 있었던 유일한 '선물'은 가능하면 그날 밤에 임신에 성공하는 것이었다. 친구가 던진 질문의 의도를 파악하지 못한 채 나는 그저 적당한 대답을 찾기 위해 고민했다. "그게 무슨 뜻이지? 이 고난이 내게 줄 수 있는 최고의 선물이 뭐냐고? 뻔하지 않아?"

18개월 동안의 임신 실패 경험으로부터 긍정적인 면을 찾는다는 건 내게는 불가능한 일이었다. 임신 테스트 결과가 긍정적이었다면 나도 긍정적인 기분을 느꼈을 게 분명하다. 아주 간단한 일 아닌가? 그러면 내 고난도 막을 내릴 터였다. 이 고난이 끝난다는 건 상상만으로도 즐거운 일이었다.

하지만 친구는 나를 한 번 더 밀어붙였다.

"너에게 어려운 시기라는 거 알아. 하지만 정말로 그 이상은 볼 수 없는 거니? 아기와 고난의 끝. 그게 네가 원하는 전부야?"

그 후 며칠 동안 친구가 던진 질문이 계속 머릿속을 맴돌았다. 그러다 갑자기 한줄기 맑은 빛이 내려와 내가 미처 보지 못한 사실을 비추어주었다.

고난을 통해 얻은 긍정적인 효과에 대한 생각들이 머릿속을 스쳤다. 지난 1년 반 동안 남편과 함께 나눈 친밀감에 대해, 임신이라는 목표가 우리 둘을 어떻게 하나로 묶어주었는지에 대해 떠올렸다. 임신을 돕기 위한 목적으로 이룬 신체적, 정신적 건강에 대해서도 생각했다.

이 고난은 내게 아기의 존재 혹은 부재가 아니라 나 자신의 사고방식이 내게 매 순간의 경험을 안겨주었다는 사실을 들여다보게 했다. 나는 그런 방식으로 괴로워하지 않았더라면 얻지 못했을 통찰력과 성장에 대해 떠올렸다.

물론 그 모든 개인적 성장을 건강한 아기와 바꿀 수 있다면 단 1초도 망설이지 않았을 것이다. 그러나 어쨌든 나는 마침내 보다 넓은 시야로 전체 그림을 볼 수 있게 되었다. 통찰력을 아기와 바꾸는 건 내가 선택할 수 있는 일이 아니었다. 그래서 나는 할 수 있는 선택을 했다.

즉, 전보다 더 나은 시야로 상황을 보기 시작한 것이다. 그리고 여러 측면에서 그 선택은 내게 더 풍성한 삶으로 향하는 문을 열어주었다.

가만. 내가 무슨 소리를 하고 있는 거지? 1년 반 동안의 고통 덕분에 삶이 더 풍성해졌다고? 하지만 그건 사실이었다. 그리고 그 사실을 한번 깨닫고 나니 그 깨달음을 없던 일로 되돌리는 건 불가능한 일이었다. 친구가 던진 질문에 대한 답은, 내 상황으로부터 얻을 수 있었던 최고의 선물은, 내가 그 고난을 딛고 더 나은 사람이 될 수 있었다는 사실이다. 이 모든 시련은 내게 닥친 일이 아니라 나를 위해 일어난 일인지도 모른다. 게다가 이 고통은 나 때문에 생긴 일도 아니었다. 내 고난을 발판 삼아 한 걸음 더 나아가는 사람도 있을 수 있다. 정확히 어떤 방식일지는 상상할 수 없었지만 분명 가능성이 있다는 사실을 느낄 수 있었다.

그와 같은 깨달음은 난임뿐만 아니라 폭식 문제에도, 직업적 불확실성에도, 유년시절에도 적용될 수 있었다. 그렇다고 모든 문제를 갑자기 축복으로 느끼게 되었다거나 인생이 한순간 완벽해졌다는 얘기는 아니다. 내 경험은 절대 그렇지 않았다. 하지만 어려운 일들은 우리를 위해 일어나고, 지혜는 불가능해 보이는 순간에도 언제나 그곳에서 나를 기다린다는 사실을 떠올리려고 노력하기 시작했다. 그러자 죽은 나무 같던 고통 속에서 축복이 꽃을 피우기 시작했다.

나는 당신을 이 책으로 이끈 습관이 언젠가 축복으로 모습을 바꾸어 나타나기를, 당신을 가로막았던 장애물이 사실은 더 풍성한 삶으로 가는 또 다른 길이기를 바란다. 또한 습관으로 인한 고통이 사실은 당신에게도 더 나은 곳으로 향하는 문이기를, 인간다워진다는 게 무엇인지를 보게 해주는 더 넓은 시야를 선사할 문이기를 바란다.

살아오면서 당신 안에 잠재한 무한한 가능성, 당신의 근본을 이루는 내재된 건강의 실마리를 한 번이라도 본 적이 있었는가? 만일 그랬다면, 그동안의 고통은 그만한 가치가 있었던 셈이다.

어쩌면 이제 당신은 스스로를 보다 영적인 관점에서 볼 수 있게 되었을 것이다. 당신의 정체성 또는 '중독되기 쉬운 성격'에 관한 생각에 얽매이지 않는 방식으로 말이다. 심지어 아무리 최선을 다한다 해도 당신이 원하는 모습에 도달하지 못할 것임을 알면서도 어쨌든 모든 순간 최선을 다하는 스스로의 모습을 보게 되었을 것이다.

자신이 그렇게 고집스럽지도, 스스로를 학대하고 있지도, 변화를 거부하지도 않는다는 사실을, 아직 너무 멀리 와버린 건 아니라는 사실을 보게 되었을 것이다. 단지 폭풍 속에 갇혔기 때문에 그 너머의 평화로운 하늘을 잠깐 보지 못하는 것뿐이다. 그런 점에서 당신은 지구상의 다른 모든 인간과 다르지 않다.

다행히도 당신은 이제 당신의 습관, 생각, 충동, 감정, 혹은 행동을 자기 자신과 동일시하지 않게 되었다. 이와 같은 생각들은 당신의 내부에서 발생하지만 그렇다고 그것들이 당신인 것은 아니다.

특정한 행동 규범이나 진단이 아니라 통찰력이 당신을 자유롭게 하리라는 사실도 이해했을 것이다. 당신이 더 깊은 곳의 진실을 들여다볼 수 있게 되면 행동은 저절로 변할 것이다.

나는 당신이 삶의 모든 것이 자기 교정 기능을 가지고 있다는 사실을 느끼기를 바란다. 모든 것이 바꾸고, 고치고, 파악하고, 맞서야 할 것처럼 보일지라도, 사실 당신은 그럴 필요가 없다. 나쁜 습관을 끝내는 일이 마치 오롯이 당신에게 달린 일, '옳은' 마음가짐과 행동에 달려 있는 일처럼 보인다면, 그건 당신의 머릿속에 생각이 가득하다는 신호일 뿐이다. 기분이 나아지면 더 명확한 눈으로 진실을 보게 된다.

위에 언급한 이야기들 중 당신이 경험한 것이 하나라도 있다면, 습관이 당신을 제대로 보필했다고 말하고 싶다. 훨씬 평화롭고 의미 있는 삶으로 향하는 문을 열어준 것이다. 이제 진짜 당신의 모습을 되돌아볼 시간이다. 어느 날엔가는 그동안 당신을 괴롭게만 해온 습관이 엄청난 선물로 변신하는 모습을 보게 될지도 모른다.

물론 그와 같은 당신의 변화가 내게는 놀라운 일이 아닐 테지만 말이다.

참고문헌

Banks, Sydney. 1998. The Missing Link: Reflections on Philosophy and Spirit. Auburn, WA: Lone Pine.

—. 2007. The Enlightened Gardener Revisited. Auburn, WA: Lone Pine.

Beck, Martha. 2008. Steering by Starlight: The Science and Magic of Finding Your Destiny. Emmaus, PA: Rodale Books.

Begley, Sharon. 2007. Train Your Mind, Change Your Brain: How a New Science Reveals Our Extraordinary Potential to Transform Ourselves. New York: Ballantine Books.

Carr, Allen. 2004. Allen Carr's Easy Way to Stop Smoking. New York: Sterling.

Doidge, Norman. 2007. The Brain That Changes Itself: Stories of Personal Triumph from the Frontiers of Brain Science. London: Penguin Books.

Hansen, Kathryn. 2011. Brain over Binge: Why I Was Bulimic, Why Conventional Therapy Didn't Work, and How I Recovered for Good. Columbus, GA: Camellia.

Johnson, Amy. 2013. Being Human: Essays on Thoughtmares, Bouncing Back, and Your True Nature. Chicago: Inner Wellness.

Katie, Byron. 2006. I Need Your Love-Is That True? How to Stop Seeking Love, Approval, and Appreciation and Start Finding Them Instead. New York: Three Rivers Press.

Kühn, Simone, and Marcel Brass. 2009. "Retrospective Construction of the Judgment of Free Choice." Consciousness and Cognition 18, no. 1: 12-21.

Schwartz, Jeffrey, and Sharon Begley. 2002. The Mind and the Brain: Neuroplasticity and the Power of Mental Force. New York: HarperCollins.

Trimpey, Jack. 1996. Rational Recovery: The New Cure for Substance Addiction. New York: Pocket Books.

Wegner, Daniel. 1989. White Bears and Other Unwanted Thoughts: Suppression, Obsession, and the Psychology of Mental Control. New York: Viking/Penguin.

왜 좋은 습관은 어렵고 나쁜 습관은 쉬울까?

1판 1쇄 찍음 2019년 4월 17일
1판 1쇄 펴냄 2019년 4월 24일

지은이 에이미 존슨
옮긴이 임가영
펴낸이 조윤규
편집 민기범
디자인 홍민지

펴낸곳 생각의서재
등록 2017년 1월 6일 제2017-000050
주소 (07788) 서울특별시 강서구 마곡중앙로 161-17 보타닉파크타워1 612호
전화 영업부 02-3661-7283 / 기획편집부 02-3661-7284 | 팩시밀리 02-3661-7285
이메일 houseofthinking@naver.com

ISBN 979-11-89649-07-4 03190

· 원고 투고를 기다립니다. 집필하신 원고를 책으로 만들고 싶은 분은 houseofthinking@naver.com로 원고 일부 또는 전체, 간략한 설명, 연락처 등을 보내주십시오.

이 도서의 국립중앙도서관 출판예정도서목록(CIP)은 서지정보유통지원시스템 홈페이지(http://seoji.nl.go.kr)와 국가자료공동목록시스템(http://www.nl.go.kr/kolisnet)에서 이용하실 수 있습니다. (CIP제어번호 : CIP2019012858)